AF546640

Wanderer in zwei Welten

Pier Hänni

Wanderer in zwei Welten

Sam Hess – Begegnungen mit Totengeistern und der anderen Dimension des Lebens

at VERLAG

3. Auflage, 2022

AT Verlag AG, Aarau und München
Lektorat: Petra Holzmann, München
Umschlagbild: Andri Pol, www.andripol.com
Bildaufbereitung: Vogt-Schild Druck, Derendingen
Druck und Bindearbeiten: Eberl&Kösel GmbH, Krugzell
Printed in Germany

ISBN 978-3-03800-490-5

www.at-verlag.ch

Der AT Verlag wird vom Bundesamt für Kultur
für die Jahre 2021–2024 unterstützt.

Inhalt

Einleitung

Totengeister in den Naturkulten, Mythologien und Religionen

Nach einer chinesischen Legende liess König Hsuan am Anfang des ersten Jahrtausends v. Chr. seinen Minister Tu Po unter falschen Anschuldigungen hinrichten, obwohl er gewarnt worden war, dass dessen Geist sich dafür rächen würde. Drei Jahre darauf schoss Tu Po vor einer Versammlung der Fürsten mit seinem Bogen einen Pfeil auf den König und tötete ihn. Der chinesische Philosoph Mo Tzu (470–391 v. Chr.) bemerkte dazu:

«Wenn es seit dem Altertum bis heute und vom Beginn der Menschheit an Menschen gibt, welche die Erscheinungen von Gespenstern und Geistern sahen oder ihre Stimmen hörten, wie können wir da sagen, dass sie nicht existieren? Falls niemand sie gesehen und niemand sie gehört hätte, wie könnten wir sagen, dass es sie gibt? Selbst jene, die die Existenz der Geister verneinen, sagen: ‹Viele in dieser Welt haben etwas wie Geister gesehen oder gehört.› Aber wie können wir angesichts ihrer voneinander abweichenden Berichte wissen, wer sie nun wirklich gesehen oder gehört hat? Da wir uns auf das verlassen, was viele gemeinsam gesehen haben und viele gemeinsam gehört haben, muss der Fall von Tu Po als wahr anerkannt werden.»

Mo Tzus Folgerung ist 2500 Jahre alt, umso mehr sollte sie heute gelten, zumal wir heute über Tausende Berichte von Völkerkundlern über Geisterglaube und Geistererscheinungen bei allen Völkern der Erde verfügen. Aber trotz der unzähligen Überlieferungen und glaubhaften Erlebnisberichte ist das Thema Geistwesen heute ein Tabu wie das Sterben und der Tod.

Unter Tabu versteht man eine gesellschaftliche Verhaltensregel, die etwas mit einem absoluten Verbot belegt. Charakteristisch ist, dass diese Regel unausgesprochen bleibt und nur indirekt thematisiert wird, wodurch sie der allgemeinen Begründung und Kritik entzogen ist. Als Tabu wird also nicht nur etwas bezeichnet, was streng verboten ist, sondern auch etwas Unausgesprochenes, ja Unaussprechliches, was weit über eine Einschränkung durch vernünftige Verhaltensformen wie Sitte oder Gesetz hinausgeht. Tabus gründen auf vorrationalen, instinktiven oder religiösen Haltungen einerseits sowie wissenschaftlichen Dogmen andererseits, und schränken die natürliche menschliche Wahrnehmung ein wie Scheuklappen die Sicht der Pferde. Man denkt nicht darüber nach und wenn, dann spricht man nicht davon. Wer es doch tut, verlässt den Rahmen der Gemeinschaft und gilt als Fantast oder Geisteskranker. Am Tabu Sterben und Nachleben wird seit einigen Jahrzehnten heftig gekratzt, was zu einer etwas weniger verkrampften Haltung geführt hat. Aber auch wenn heute Wissenschaftler am Rand ihrer Forschungen in diese Bereiche vorstossen, wird das Leben nach dem Tod für jene, die keine eigenen Erfahrungen gemacht haben, ein Rätsel bleiben, an das man entweder glauben kann oder nicht. Es liegt im Wesen der Mysterien, dass sie sich weder nach der Logik noch den Methoden der Wissenschaft erfassen oder gar beweisen lassen.

Fest steht, dass es immer wieder Menschen wie Sam Hess gibt, die zu allen Zeiten Dinge gesehen haben, die den meisten von uns verborgen sind und die doch fast alle Menschen beschäftigen.

Älteste Hinweise auf Totengeister

Fachleute sind sich darüber einig, dass das Phänomen der Gespenster im vorgeschichtlichen Ahnenkult wurzelt, der weltweit verbreitet war und sich ursprünglich von Land zu Land wahrscheinlich kaum unterschied. Die gefundenen Grabbeigaben in uralten Gräbern, die Ausrichtung und Beschaffenheit dieser Gräber selbst, die durch die Beigaben nachweisbaren Bestattungsriten sowie Felsblöcke, die als Ahnensteine überliefert sind, zeugen beispielsweise von einem Glauben an die Verbindung zwischen Diesseits und Jenseits. Lange von der Zivilisation isolierte und auf dem Stand der Steinzeit lebende Naturstämme legten noch in den vergangenen Jahrzehnten ihre Gräber ähnlich wie unsere vorgeschichtlichen Ahnen an und geben ihren Verstorbenen ähnliche Gegenstände mit ins Grab. Sie kennen gewisse Stellen bei Felsblöcken oder am Rande von Mooren, wo sich unter bestimmten Umständen eine Verbindung zwischen den Geistern der Lebenden und der Verstorbenen öffnet. Ihre Riten sind wahrscheinlich jenen unserer prähistorischen Vorfahren ähnlich und dienen einerseits dazu, die Geister der Verstorbenen zu ehren und andererseits mit ihnen Verbindung aufzunehmen. Zudem gibt es Rituale, um sie auf ihrem Weg in die andere Welt zu unterstützen und zu beschützen, auf die eine oder andere Weise zufriedenzustellen oder notfalls von den Siedlungen fernzuhalten.

Geistwesen sind Teil aller Kulturen

Ausserhalb des europäischen Kulturkreises werden Totengeister als Teil der Kultur verstanden und nicht bloss in Zusammenhang mit Aberglauben oder Sagen gesehen. In den alten Kulturen wie denen der Sumerer, Ägypter, Perser, Kelten, Germanen, Griechen, Römer, Inder, Tibeter, Chinesen sowie der Naturvölker lebten die Menschen in dem Bewusstsein, dass das, was wir als Jenseits bezeichnen, eigentlich auch ist – wenn auch in einer anderen Dimension der Wirklichkeit. Zwar kennen alle Völker zahlreiche Geistergeschichten, die den europäischen ähnlich sind, aber die Stellung der Geister von Verstorbenen in jenen Kulturen könnte von der unseren nicht unterschiedlicher sein. In ganz Asien, Afrika oder bei den indigenen Völkern Amerikas gehören Totengeister ebenso zur Welt wie Naturgeister, Dämonen oder Gottheiten, auch wenn sie nicht mit diesen identisch sind; allen gemeinsam ist, dass sie für die meisten Leute unsichtbar sind. Während das Thema der Totengeister in der Öffentlichkeit bei uns ebenso verdrängt wird wie das Sterben respektive das Leben danach, wird es in allen anderen Kulturen mit der angebrachten Ernsthaftigkeit angegangen und nicht den Spekulationen des freien Marktes der oft dürftigen okkulten oder esoterischen Lehren überlassen.

Jene Wissenschaften, deren Forschungen das Thema Totengeister streifen, belassen es dabei, diese als Phänomen der Wahrnehmung zu bezeichnen, und vergessen, dass sie und ihre Welt letztlich ebenso nur in einem bestimmten Modus der Wahrnehmung existieren. Das Wissen um die vielschichtige Natur der Dinge ist gewissermassen der Grundton der alten Kulturen und Völker. Das Leben ist ein Ereignis, das alles umfasst, bewegt und durchdringt, und sich dabei ständig mit uns verändert. Leben und Tod, Himmel und Erde, Vergangenheit und Gegenwart gehen in diesem Ereignis fliessend ineinander über, so wie sie sich gegenseitig bedingen. Entsprechend entwickelten die weisen Menschen aller Kulturen nachvollziehbare Darstellungen dessen, was während und nach dem Vorgang des Sterbens geschieht. Die asiatischen Kulturen und indigenen Völker verfügen über ein erstaunlich umfassendes und detailliertes Wissen darüber, ist das Sterben doch ein wesentlicher Teil des Lebens und damit ein wichtiger Bereich der Religionen und Philosophien.

> *«Wissen ist eines, aber wesentlich ist die aus eigener Erfahrung und Wahrnehmung entstehende Weisheit.»* Sam Hess

In diesem sozial-religiösen Rahmen ist der Umgang mit den Geistern verstorbener Menschen entsprechend entspannt. Man kennt zwar ungute Geister, wie die in Indien *butha* genannten Geister von Menschen, die eines gewaltsamen Todes gestorben sind, hingerichtet wurden, sich selbst umbrachten oder ohne die notwendigen Rituale bestattet wurden. *Butha* halten sich mit Vorliebe auf Friedhöfen, an Verbrennungsstätten oder abgelegenen und unheimlichen Orten auf. Dort erschrecken sie die unwissenden Besucher oder fallen sie gar an, worauf manche erkranken und einige gar sterben. Manche *butha* begnügen sich jedoch auch damit, allerlei Unfug zu treiben. Insbesondere in ländlichen Gebieten Indiens werden lokale *buthas* in eigens für sie gebauten und mit Blumen geschmückten Tempelchen mit Opferspeisen besänftigt und dazu bewegt, die Dorfbewohner vor anderen *buthas* zu beschützen. Wenn ein *butha* als mächtig genug eingestuft wird, erhebt man ihn in die Klasse der niedrigen Gottheiten.

Auch in Japan können Menschen, selbst wenn sie ein gutes Leben geführt haben, zum Gespenst werden, wenn sie nicht korrekt bestattet wurden und deswegen den Weg ins Jenseits nicht gefunden haben. Diese sogenannten *yurei* schweben wie ihre europäischen Entsprechungen als «Nebelgestalten» über dem Boden und machen sich gelegentlich bei den Hinterbliebenen bemerkbar. Seelen von Menschen, die unter grossen Qualen gestorben sind oder besonderes Unrecht erfuhren, gehen fortan als Rachegeister um und schaden insbesondere jenen, die sich an ihnen vergangen haben, sowie deren Nachkommen.

In den urgeschichtlichen Gesellschaften von Sumer, Babylon und Assyrien glaubte man, Geister würden erst während des Zeitpunkts des Todes entstehen und die Erinnerung und die Persönlichkeit des Verstorbenen übernehmen. Dann reisen sie in die Unterwelt, wo sie in der dortigen Hierarchie eine Stellung einnehmen und ein Leben führen, das jenem, das die Verstorbenen in ihrem vergangenen Leben führten, in vielem ähnlich ist. Von deren Hinterbliebenen wurde erwartet, dass sie ihnen Nahrung und Getränke opfern, um ihren Aufenthalt in der Unterwelt leichter zu machen. Wurden solche Opfer unterlassen, konnten die Geister Unglück und Krankheit über sie bringen. Die überlieferte Heilkunde beschreibt verschiedene Krankheiten, die durch vernachlässigte und deshalb zürnende Geister verursacht werden. Inschriften, Papyrusrollen und Grabmalereien geben ein umfassendes und detailliertes Bild vom Glauben der Ägypter an das Weiterleben der Seele respektive des Geistes nach dem Tod: Wie in Indien und Japan gingen auch sie davon aus, dass die Geister der Verstorbenen den Lebenden entweder helfen oder schaden können.

Geisterglaube in Europa

Die ältesten Hinweise auf einen Glauben an ein Weiterleben nach dem Tod in Europa sind ebenfalls Grabbeigaben und stammen aus der Mittelsteinzeit. Mit dem Beginn der Jungsteinzeit häufen sich die Grabstätten sowie die Beigaben zunehmend bis hin zu eigentlichen Nekropolen in der mittleren und jüngeren Jungsteinzeit. Neben Schmuck und Waffen wurden den Toten auch Nahrungsmittel als Wegzehrung ins Grab gelegt und offenbar auch Genussmittel – wie Funde von Hanfsamen vermuten lassen.

In der Bronzezeit, dem Beginn der Antike, wird die Tradition weitergeführt und weiterentwickelt. Ausser den bereits erwähnten Gaben erhielten Verstorbene nun auch grössere Gegenstände wie Sessel, Kessel oder gar vierrädrige Ochsenkarren für ihre Reise. Der antike Autor Homer beschreibt in seinem Werk «Der trojanische Krieg» und «Die Reise des Odysseus» Geister als zitternde und jammernde Dämpfe. Seine Geister mischten sich kaum in die Welt der Menschen ein, wurden aber gelegentlich oder bei bestimmten Zeremonien angerufen und um Rat oder Prophezeiung gebeten. Man schien sich damals nicht vor ihnen zu fürchten. Schon zu Beginn der hellenischen Antike erschienen Geister in Form von Nebel oder Rauch, konnten aber auch in der Gestalt auftreten, wie sie zu Lebzeiten ausgesehen hatten.

Kelten und Germanen stellten die mündliche Überlieferung über die schriftliche, weshalb wir von ihnen selbst keine Texte haben. Nach ihren Grabbeigaben, Totenfeiern und Begräbnisriten zu schliessen, ist davon auszugehen, dass sie sich für das Wohlergehen der Geister verantwortlich fühlten und diese in ihre religiösen Feiern mit einbezogen. Sie sahen das Leben nach dem Tod als Übergang zu einer neuen Verkörperung auf der Erde. Ammianus Marcellinus berichtet von den Kelten, dass sie «mit grosser Verachtung für das Los der Sterblichkeit die Unsterblichkeit der Seele preisen». Pomponius Mela, ein weiterer Römer, schrieb: «Eines ihrer Dogmen war allgemein bekannt geworden, nämlich, dass die Seele ewig ist und es ein jenseitiges Leben im Reich der Göttin

Hel gibt.» Für die Kelten verlief das Leben analog zum Lauf der Sonne, die im Osten aus der Erde aufsteigt, ihren Höhepunkt erreicht und sich dann dem Punkt im Westen zuneigt, wo sie wieder in die Erde, das Reich der Hel oder Holle, zurückkehrt.

«Wer den körperlichen Tod nicht fürchtet, lebt ewig.»

Sam Hess

Ab dem fünften Jahrhundert v. Chr. wurden die Totengeister im klassischen Griechenland als beängstigende und furchteinflössende Wesen wahrgenommen, die teils mit guten, teils mit schlechten Absichten das Leben der Menschen beeinflussen konnten. An jährlichen Totenfeiern wurden die Geistwesen eingeladen, im Kreise der Familien am Fest teilzunehmen und danach eindringlich gebeten, in ihr Reich zurückzukehren und bis zur nächsten Feier nicht mehr zu erscheinen.

Die Römer ehrten die Geister ihrer Verstorbenen ebenfalls mit Feiern und Altären, doch sie schienen sich vor ihnen noch mehr gefürchtet zu haben als die Griechen. Sie gingen davon aus, dass viele zauberkundig waren und versuchten, in das Leben der Menschen einzugreifen oder gar die Macht an sich zu reissen.

Die im Alten Testament der Bibel gesammelten Schriften der Hebräer befassen sich nicht direkt mit Geistern, aber im ersten Buch Samuel lässt die Hexe von Endor auf Wunsch des verkleideten Königs Saul den Geist Samuels erscheinen. Im Neuen Testament der Bibel werden Geister ebenfalls nicht beschrieben, jedoch an zwei Stellen erwähnt: 1. Als die Jünger Jesus über das Wasser schreiten sahen, glaubten sie erst, er wäre ein Geist. Und 2. Bei Jesus erstmaligem Erscheinen nach der Auferstehung musste er die Jünger erst überzeugen, dass sie nicht seinen Totengeist sehen. Nach dem Weltbild des europäischen Mittelalters gingen die Geister der Verstorbenen durch die eine oder andere Form des Fegefeuers, wo sie für eine gewisse Zeit die Folgen ihrer Sünden erleben mussten. Als Sünden galten schwere Verbrechen, aber auch unachtsames Festhalten an unchristlichem Denken und Handeln.

Mittelalterliche Geister erschienen meistens schäbig bekleidet in einer fahleren und düsteren Gestalt der Verstorbenen und scheinen mehr Substanz gehabt zu haben als in der Vergangenheit – konnten sie doch mit Leichtigkeit schwere Dinge bewegen. Manchmal rangen sie sogar mit Menschen, wenn diese sie bis zum Eintreffen eines Priesters festhalten wollten. Trotz ihrer robusten Natur konnten sie bei Bedarf durch Wände gehen oder sich in Luft auflösen.

Ausser den noch heute bezeugten und weiter unten beschriebenen Prozessionen der Totengeister sollen im Mittelalter ganze Züge von Kriegergeistern umgegangen sein – wie auf einem Schlachtfeld des eidgenössischen Freiheitskriegs, auf dem eine junge Frau seit ihrer Kindheit ausser Eidgenossen auch habsburgische Ritter und Fusssoldaten sieht. In verschiedenen Gegenden Europas konnten Menschen in der Nähe alter Schlachtfelder den Lärm nächtlicher Gefechte hören und gelegentlich sogar Geister sehen. Häufiger auftretende Krankheiten und Beschwerden von Menschen, die auf oder in unmittelbarer Nähe mittelalterlicher Schlachtfelder wohnen, werden heute auf die dort noch immer kämpfenden Geisterkrieger zurückgeführt.

Von der Nekromantie über Spiritismus zur Parapsychologie

Die Praxis der Totenbeschwörung gründet auf dem Glauben, dass die Verstorbenen respektive ihre Seelen nach deren Tod noch immer unter uns sind. Durch bestimmte magische Handlungen wird dann eine Verbindung zu den Toten hergestellt. Aus dieser Praxis entstand die Nekromantie, eine Form der Magie, deren Ziel es ist, geistig mit den Verstorbenen in Verbindung zu treten oder diese körperlich sogar «wiederzubeleben», um sie über die Hintergründe wichtiger Ereignisse und insbesondere über die Zukunft zu befragen. Während die Totenbeschwörung vor allem in den Stammesreligionen Asiens, Afrikas und Lateinamerikas verbreitet ist, deren Ahnenkult auf der Annahme beruht, dass die Vorfahren zu gewissen Zeiten unter den Lebenden anwesend sind, wurde die Nekromantie in den zivilisierten Ländern Europas praktiziert. Während der Renaissance nahm das öffentliche Interesse an allerlei Geheimlehren und damit am Geisterglauben zu. Sogenannte Nekromanten zogen durchs Land und trieben wohl nicht selten ihren Unfug mit den Leuten, seien es Angehörige der Oberschicht oder einfache Menschen.

Im 19. Jahrhundert wurde die oft im Geheimen praktizierte Nekromantie in der Form des Spiritismus in der breiten Öffentlichkeit bekannt. Spiritismus bezeichnet die Lehre und Praxis der Beschwörung von Geistern, die sich dann mittels eines Mediums für die menschlichen Sinne wahrnehmbar äussern. Die Begründung des modernen Spiritismus wird den Schwestern Fox und ihren Eltern zugeschrieben, die Mitte des 19. Jahrhunderts in ihrem Haus im US-Staat New York Klopfgeräusche hörten, die sie dem Geist eines ermordeten und im Keller begrabenen Mannes zuschrieben. Die Familie wendete daraufhin die schon vorher entwickelte Technik der Kommunikation im Umgang mit Klopfgeistern an, bei der jedem Buchstaben im Alphabet eine bestimmte Anzahl von Klopfzeichen zugeordnet ist. In der folgenden Zeit traten auch an anderen Orten solche Medien auf und schon zehn Jahre nach den Schwestern Fox waren wohl mehrere Millionen Amerikaner von der Realität der angeblichen Geisterbeschwörungen überzeugt. In dieser Zeit verbreiteten sich dann neue Methoden der Kommunikation mit Geistern, wie das «automatische Schreiben», bei der der Geist angeblich die Hand des Mediums führt, oder das Aussprechen der Gedanken der Geister durch in Trance versetzte Medien.

Diese mit der esoterischen Bewegung der letzten Jahrhundertwende vergleichbare Welle erreichte bald auch Europa, wo sie die verschiedenen traditionellen «Künste» der Geisterbeschwörer neu aufleben liess. Vermehrt wurden wieder Geistwesen für allerlei Krankheiten bei Mensch und Tier verantwortlich gemacht. Solche Plagegeister wurden dann von zauberkundigen Frauen und Männern vertrieben. Des Weiteren rief man nun auch in Europa andere Geistwesen an, um Auskunft über Verstorbene oder Ratschläge und Prophezeiungen zu erhalten.

Mit der Gründung des «Ghost Clubs» oder «Geister Klubs» zur Untersuchung von Geistererscheinungen zu Beginn der zweiten Hälfte des 19. Jahrhunderts begann die Geschichte der Parapsychologie. Sie versteht sich als wissenschaftlicher Forschungszweig, um übersinnliche Phänomene zu untersuchen und nachzuweisen.

> *«Erst waren die Völker der Kontinente durch das Meer getrennt, doch dann lernten sie, es als Verbindungsweg zu benutzen. Ebenso haben gewisse Menschen gelernt, das, was uns vom Jenseits trennt, als Verbindung wahrzunehmen.»*
>
> Sam Hess

Von den offiziellen Wissenschaften nicht als solche anerkannt, beschäftigt sich die Parapsychologie heute ausser mit dem Phänomen der Totengeister auch mit Hypnose, Telepathie, Hellsehen, Psychokinese oder Reinkarnation. Obwohl es der parapsychologischen Forschung bisher nicht gelungen ist, übersinnliche Phänomene mittels wissenschaftlich anerkannter Methoden zu beweisen (mit Ausnahme von Hypnose und Telepathie), hat sie viel zur heutigen Offenheit gegenüber den oben genannten Bereichen beigetragen. Noch wesentlicher ist die daraus gewonnene Erkenntnis, dass die meisten dieser Phänomene mit einer nicht-materiellen Dimension in Verbindung stehen und deshalb auch nicht mit wissenschaftlichen Versuchsanordnungen nachgewiesen werden können. Ausserdem können sie nicht auf Abruf wiederholt werden. So konnten zum Beispiel sogenannte Hellseherinnen immer wieder wichtige Hinweise bei der Aufklärung von Verbrechen liefern, aber dieselben hellsichtigen Personen versagten praktisch in allen anderen Fällen, in denen sie um Hilfe gebeten wurden.

Wer sind die Totengeister eigentlich?

Die meisten vom hellsichtigen Sam Hess als Geistwesen bezeichneten erdgebundenen Totengeister scheinen sich selten für die Menschen zu interessieren und mischen sich kaum in ihr Leben ein. Ihre Anwesenheit in Häusern kann allerdings für ihre Bewohner belastend sein – wie Sam Hess im zweiten Teil des Buches darlegt –, weshalb man sie dann in solchen Fällen mit magischen Ritualen, Pflanzen oder Gegenständen von Haus und Garten fernhält. Im Alpenraum mahnen Sagen, Geistwesen selbst dann nicht ins Haus zu lassen, wenn sie darum bitten.

Geistwesen bewohnen besonders oft abgelegene Bauernhöfe oder Ställe. Sie wurden und werden zum Teil immer noch von Fachleuten, in katholischen Gegenden oft von Kapuzinermönchen, in ein Astloch befohlen, das dann mit einem Zapfen verschlossen wurde bzw. wird. Dem als amerikanischer Psychologe getarnten irischen Druiden Timothy Leary wurde in einem alten Holzhaus ein derart verzapftes Loch gezeigt. Noch bevor jemand reagieren konnte, hatte er den Zapfen geschickt entfernt und fragte die entsetzten Bewohner: «Meint ihr nicht auch, dass es für den Geist nun an der Zeit ist, seine Reise fortzusetzen?»

Aber was sind Totengeister? Wer oder was stirbt eigentlich, wie der hellsichtige Sam Hess jeweils zu fragen pflegt. Sicher ist jedenfalls nur, dass der physische Körper stirbt. Entsprechend kann die Wissenschaft vom Tod nur mit Bestimmtheit sagen, dass mit ihm die Funktionen eines stofflichen Organismus aufhören. Sicher ist auch, dass Geistwesen seit Menschengedenken Teil der Mythologien und Religionen aller Völker und Kulturen sind. Im christlichen Kulturraum wurde die Existenz der unerlösten Seelen von Verstorbenen nicht bestritten, sondern lediglich vor dem Umgang mit ihnen gewarnt. Erst im Zuge der Aufklärung wurden sie zunehmend als Wahnvorstellungen oder Irrbilder der Psyche definiert, was sie allerdings nicht daran hinderte, sich weiterhin weltweit bemerkbar zu machen. Und dies nicht selten bei Menschen, die zuvor ganz und gar nicht an ihre Existenz geglaubt haben.

Viele Berichte handeln von Begegnungen mit verstorbenen Verwandten, Partnern oder Bekannten, was angesichts der engen Bindungen im Leben nachvollziehbar ist. Mehrheitlich sind solche Begegnungen einmalige Ereignisse. Weil sie von den meisten nicht als belastend empfunden werden, spricht man nicht oder selten mit anderen darüber und wendet sich kaum an Hellsichtige wie Sam Hess. Auch wenn sich heute wesentlich mehr Menschen öffentlich dazu äussern, ist die geschätzte Zahl von 30 Prozent der Bevölkerung als die sprichwörtliche Spitze des Eisbergs zu verstehen. Viele glauben, sie müssten ihre Erlebnisse aus familiären, religiösen oder beruflichen Gründen für sich behalten, wie einige meiner guten Bekannten, die sie mir erst nach vielen Jahren und unter dem Versprechen der Geheimhaltung anvertraut haben.

> *«Was wir nicht als wirklich anerkennen, wird auch nicht wahrgenommen!»* Sam Hess

In abgelegenen, schwer zugänglichen Gegenden wie Gebirgen gehören Geistwesen nach wie vor zum Leben ihrer Bewohner, sei es im Rahmen von Bräuchen und Feiern für die Verstorbenen oder in Zusammenhang mit Begegnungen, von denen man dort bis heute erzählt. Auffallenderweise ist die Wahrnehmung von Totengeistern in den vom reformierten Glauben und einem rationalen Weltbild geprägten Gegenden weniger häufig als in katholischen, wo die Kirche deren Existenz in gewisser Weise anerkennt. In diesem Buch soll nicht auf die zahlreichen Berichte über Geistererscheinungen und deren Beziehung zu Menschen oder Orten eingegangen werden, wurden doch allein in den letzten Jahrzehnten einige Dutzend mit Belegen von Zeugen dokumentierte Bücher veröffentlicht. Ausserdem sind vielen Leuten Menschen persönlich bekannt, die Geister wahrgenommen oder gar gesehen haben. Wenn alle davon von Illusionen getäuscht wurden – wie es materialistisch denkende Leute glauben –, dann nur im Sinne Buddhas oder dem aktuellen Stand der Wissenschaften: Gemäss der Wissenschaft sind alle Erscheinungen, inklusive unsere stoffliche Welt der festen Körper, Phänomene der Wahrnehmung und stellen nicht die vermeintlich feste Wirklichkeit dar, wie dies eine Mehrheit der aufgeklärten Bewohner der westlichen Welt glaubt. Trotz gegenteiliger Erkenntnisse von Physikern, Biologen, Psychologen und Neurowissenschaftlern neigen materialistisch denkende Menschen zu einem Glauben an eine rein materielle Wirklichkeit, die es als solche jedoch nicht gibt. Man darf auch nicht vergessen, dass das materielle Weltbild erst vor wenigen hundert Jahren durch die sogenannte Aufklärung die Bedeutung erhielt, die es noch heute hat. Die Aufklärung führte zum Aufbau der modernen Wissenschaften und damit später zur Quantenphysik. Diese besagt, dass es ohnehin keine festen Körper gibt, sondern schwingende Felder, die miteinander in Wechselwirkung stehen. Darüber hinaus weisen die Ergebnisse von Forschungen darauf hin, dass es ausser der unseren noch viele andere Dimensionen der Wirklichkeit gibt, von denen wir bisher wenig bis nichts wissen.

> *«Wenn du deine eigenen Fähigkeiten und Kräfte kennenlernen willst, musst du weniger in Bücher als in dich selbst schauen.»*
>
> Sam Hess

So wie es heute aussieht, gibt es den Stoff, aus dem die Welt gemacht sein soll, nicht. Zwar vermutet man noch ein Teilchen, aus dem die Materie aufgebaut ist, aber dieses ist rein theoretischer Natur. Selbst wenn eine hochsensible und komplexe Messeinrichtung ein solches Teilchen anzeigen würde, wäre damit noch nicht seine Existenz bewiesen, sondern lediglich ein energetisches Phänomen, das mittels komplexer elektronischer Anlagen als Teilchen erscheint.

Wenn nun der Stoff nicht objektiv existiert, was sehen, riechen, spüren, schmecken und hören wir dann? Weshalb haben wir das Gefühl, als wirkliche Körper in einer ebenso wirklichen Welt zu leben? Und wenn Geister ebenso wirklich sind wie unsere Welt, was sind sie dann wirklich?

Auf solche Fragen gibt es keine einfachen Antworten. Ausserhalb der «Konsenswirklichkeit», die wir mehr oder weniger miteinander teilen und mit kreieren, wirken andere Gesetze. Was Hellsichtige wahrnehmen, ist nicht lediglich eine andere räumliche Welt mit festen Körpern wie die unsere. Jenseits unserer beschränkten Vorstellung lösen sich Zeit und Raum in ein vielschichtiges energetisch-spirituelles Geschehen auf. Jeder Mensch, der davon Zeuge wird, sieht es etwas anders, respektive nimmt nur einen kleinen Teil davon wahr, da das Ganze für den menschlichen Geist nicht fassbar ist. Was Leute mit dieser aussergewöhnlichen und natürlichen Wahrnehmungsfähigkeit schildern, sind stark von ihrer Persönlichkeit geprägte Einblicke in eine Dimension, in der alles anders ist als in der unseren, weshalb sie «Anderswelt» genannt wird.

Geistwesen unter uns

Im Volksglauben gelten Gespenster, Geistwesen oder Geister als meist körperlose und oft mit aussergewöhnlichen Fähigkeiten versehene Wesen, die häufig mit menschenähnlichen Eigenschaften wahrgenommen werden. Abgesehen von den weltweit verbreiteten Naturgeistern sowie lokalen Spukwesen, die weder als Natur- noch als Totengeister bestimmt werden können, versteht man unter Gespenstern oder Geistern vor allem Erscheinungen, die in Zusammenhang mit verstorbenen Menschen stehen. Sie können sich den Lebenden auf verschiedene Weise bemerkbar machen oder gar als sichtbare Gestalten erscheinen. Die Beschreibungen von Geistererscheinungen unterscheiden sich stark voneinander: Sie werden wahrgenommen als unsichtbare, aber spürbare Anwesenheit, als verschwommene oder durchscheinende Wesen oder als Wesen, die sich kaum oder gar nicht von lebenden Menschen unterscheiden.

Das im Deutschen oft verwendete Wort «Geist» geht auf das altenglische *gast* zurück und bezog sich ursprünglich auf die

Wahrnehmung eines Wesens, das dem Menschen wie ein unsichtbarer Gast innewohnt und das nach dem Tod des Menschen noch eine kürzere oder längere Weile in der hiesigen Dimension anwesend ist. Seine Gestalt wird beschrieben als nebelhaft, luftig oder durchsichtig. Nach Ansicht verschiedener Fachleute erklärt das den Glauben, dass ein Geist der «Mensch im Menschen» ist und sich im Atem zeigt. Das griechische *pneuma* oder lateinische *spiritus* bedeutet ebenfalls Seele, die gemäss der Bibel dem Menschen von Gott eingehaucht wurde.

Während nach verbreiteter Meinung Geistererscheinungen auf die Geisterstunde um Mitternacht beschränkt sein sollen, machen Hellsichtige darauf aufmerksam, dass sich Geister auch in dieser Hinsicht nicht an Regeln halten und zu jeder Tageszeit umgehen. Aber wie auch Sam Hess beobachten konnte, treten sie am häufigsten zwischen Mitternacht und drei Uhr morgens auf. Dass Geistwesen häufig in nebelhaft durchsichtiger und menschenähnlicher oder gar menschlicher Gestalt erscheinen, wird dagegen von den meisten Hellsichtigen bestätigt. Zu den überlieferten Fähigkeiten von Gespenstern gehören das schwerelose Schweben sowie das Durchdringen von Wänden oder Lebewesen. Manche Gespenster können Geräusche erzeugen, Gegenstände bewegen, mit feinfühligen oder hellsichtigen Menschen kommunizieren, sich sichtbar oder unsichtbar machen oder gar verschiedene äusserliche Gestalten annehmen. In Zusammenhang mit dem Erscheinen von Gespenstern empfinden manche Hellsichtige Kälte (Grabeskälte) oder andere körperliche Phänomene wie das typische Prickeln auf der Haut, insbesondere am Nacken und Rücken. Bei Bewohnern der westlichen Welt lösen Begegnungen mit Totengeistern oft Angst aus, obwohl nichts darauf hinweist, dass eine Gefahr von ihnen ausgeht.

Bisher konnte die Existenz von Gespenstern nicht wissenschaftlich nachgewiesen werden, weshalb derartige Phänomene von den Wissenschaften nicht anerkannt und schon gar nicht untersucht werden. Hierzu ist zu bemerken, dass Gespenster sowieso nicht Gegenstand wissenschaftlicher Untersuchungen sein können, geht das Phänomen doch weit über die messbare und mit theoretischen Modellen erklärbare «objektive» Wirklichkeit hinaus. Geistererscheinungen werden häufig als subjektive, unabsichtliche Fehldeutung noch nicht erfasster Naturphänomene erklärt oder aus psychologischer Sicht als Phänomene gedeutet, die allein in der Einbildung der Wahrnehmenden vorhanden sind. Diese Deutungen ignorieren allerdings glaubhafte Berichte über gleiche oder ähnliche Wahrnehmungen durch verschiedene Personen zu verschiedenen Zeiten. Aus medizinischer Sicht können Gespenstersichtungen die Folge falscher Verarbeitung von Sinnesreizen im Gehirn sein – doch auch diese Deutung greift angesichts verschiedener unabhängiger Zeugen derselben Erscheinungen zu kurz. Bei vielen angeblichen Geisterphänomenen handelt es sich tatsächlich um abergläubische Deutungen von erklärbaren Ereignissen oder gar um absichtliche Betrügereien oder Täuschungen, insbesondere wenn sie mit finanziellen Interessen der angeblich Hellsichtigen verknüpft sind, während zahlreiche andere Erscheinungen effektiv auf Sinnestäuschung beruhen. Deswegen aber alle Menschen mit einschlägiger Erfahrung des Irrtums oder Missbrauchs zu bezichtigen, wäre wirklich respektlos und töricht.

Erdgebundene Seelen

Obwohl die Vorstellung von einer Geisterwelt anhand der Kenntnis von Bestattungsritualen bis zu den prähistorischen Gesellschaften der Menschheit zurückverfolgt und belegt werden kann, werden Totengeister nicht dem Bereich der Naturreligionen zugeordnet wie etwa die Naturgeister, die zu den untergeordneten Gottheiten gezählt werden. Wie Sam Hess in seinen Berichten später anschaulich darlegt, werden Geistererscheinungen häufig durch die Bindung einer «unerlösten Seele» an einen bestimmten Ort gedeutet, etwa den Schauplatz eines verübten oder erlittenen Unrechts oder Verbrechens. Die Aufklärung der Tat kann zur Erlösung des Gespenstes führen. Auch eine nicht korrekt vollzogene

Bestattung kann zu Erscheinungen eines Totengeistes führen. Zudem wird heute wieder vermehrt über Geisterhäuser berichtet. Dies steht in Zusammenhang mit der allgemein gestiegenen Offenheit gegenüber unerklärbaren Phänomenen und der damit verbundenen höheren Durchlässigkeit der Membrane zwischen unserer Wirklichkeit und den Zwischenwelten der Totengeister. Wo solche Erscheinungen untersucht wurden, zeigte sich ausser den oben erwähnten Gründen oft, dass die Geistwesen den Ort ihres Erdenlebens nicht verlassen, weil sie noch stark an ihre Erinnerungen respektive Gewohnheiten gebunden sind. Ausserdem gibt es häufig noch negativ belastete Beziehungen oder Bindungen, die sie am Loslassen hindern und allenfalls zu weiteren Begegnungen mit dem betreffenden Partner in einem anderen Leben führen können.

Klassische Geisterorte und traditionelle Geisterstunden

Wie Sam Hess sagt, gehen die meisten Geistwesen an belebten Orten um, wie etwa in Einkaufszentren, Bahnhöfen oder Geschäftshäusern. Dennoch trifft man sie auch in der Natur an, und dies häufig an Orten, die seit Jahrhunderten als ihre bevorzugten Aufenthaltsorte überliefert sind. Dazu gehören gemäss zahlreichen Sagen aus dem Alpenraum auch Gletscher, in denen die Seelen von Menschen, die sich gegenüber anderen Wesen rücksichtslos verhalten haben, für eine ihnen bestimmte Zeitdauer büssen müssen. Gewisse Schluchten oder enge, abgeschiedene Täler gelten ebenfalls als sogenannte «Sonderhöllen». Auch bei Moorgebieten, wo Wasser und Land ineinander übergehen, was seit Menschengedenken als Hinweis auf den Übergang zwischen der materiellen und der geistigen Dimension verstanden wird, sollen aussergewöhnlich viele Geistwesen umgehen. Ebenso klassische Aufenthaltsorte sind sogenannte Geisterhäuser, wie man sie in fast jeder grösseren Ortschaft findet: Burgruinen mit ihrer oft über tausendjährigen Geschichte, sehr alte Häuser, wo Sam Hess bereits als Junge stets Geistwesen antraf, oder abgelegene Hütten und Ställe.

Sam und ich besuchten verschiedene Kirchen und Kapellen, wo er stets mindestens ein Geistwesen erkannte. In den meisten Fällen waren es mehrere und in dem im zweiten Teil des Buches geschilderten Fall von Gsteig mehr als hundert. Sam Hess geht davon aus, dass diese Geistwesen die Verbindung zur höheren Dimension suchen, sei es, dass sie allmählich bereit sind zu gehen oder sich in der spirituell geprägten Atmosphäre einfach wohler fühlen. Auch auf den gemeinsam besuchten Friedhöfen, die ja zu den meistgenannten Geisterorten gehören, sah Sam stets mehrere Geistwesen. Manchmal würden sie dort regelrechte Versammlungen abhalten und angeregt miteinander kommunizieren, was angesichts der Tatsache, dass sich viele von ihnen im vergangenen Leben kannten oder zumindest aus miteinander verwandten Familien stammen, nicht überrascht.

Nach der Überlieferung sollen Totengeister vor allem in der Zeit zwischen Mitternacht und ein Uhr umgehen, weshalb man auch von der «Geisterstunde» spricht. Überhaupt gilt die Nacht – wenn die meisten Menschen schlafen – als die eigentliche Tageszeit der Geister. Dies treffe vor allem für Geister zu, die an wenig bevölkerten oder gar einsamen Orten umgehen; die meisten Geister, die in jenen Zeiten umgehen, wenn viele Leute unterwegs sind, versuchen, von deren Lebenskraft zu profitieren. Davon ist Sam Hess überzeugt.

Bei Voll- oder Neumond sowie bei Wetterwechsel wurden und werden häufiger Geister wahrgenommen, seien es nun Natur- oder Totengeister. Dies hängt wohl nicht zuletzt mit der durch solche astronomischen und meteorologischen Bedingungen erhöhten Sensibilität für übersinnliche Vorgänge zusammen, zeigt aber auch, dass Übergangsphasen von Mond und Wetter auch für Geistwesen Übergänge zwischen den Dimensionen öffnen.

Geistergeschichten

Ein grosser Teil der Sagensammlungen unserer Welt besteht aus Geschichten über Geistwesen. Allein in Europa sind Hunderte überliefert und noch mehr von ihnen sind bloss in mündlicher, von Generation zu Generation weitergegebener Form bekannt. Die meisten handeln von Begegnungen zwischen Menschen und Geistwesen, die manchmal als bedrohlich, oft aber auch als hilfreich beschrieben werden. Auch Geschichten über sogenannte Totenprozessionen oder Geisterzüge sind weit verbreitet: Geister ziehen in bestimmten Nächten durch die Landschaften, was insbesondere im Kanton Wallis in jedem Tal tradiert ist, oder begleiten im spanischen Galicien Menschen als Santa Compania, was dort als sicheres Zeichen für deren baldigen Tod gilt. Oft wiederkehrende Motive von Geistergeschichten sind Ermahnungen an die Lebenden, sich an die universalen Lebensgesetze zu halten – wie Mitgefühl, Wahrhaftigkeit oder Hilfsbereitschaft – und sich nicht von Ignoranz, Gier oder Zorn leiten zu lassen. Wie in der eingangs erwähnten chinesischen Geschichte rächen sich Geistwesen oft an Leuten, die sie im vergangenen Leben auf die eine oder andere Weise verletzt oder betrogen haben, indem sie deren Lebenswerk zerstören. Zahlreich sind ausserdem als Schutzgeister auftretende Wesen, oft sind es die Geister von Verwandten und Vorfahren, die etwa vor drohenden Gefahren warnen oder Verirrten wieder auf den Weg helfen.

Ein Teil der Geschichten handelt von Ahnengeistern. Anders als die «normalen» Geistwesen haften die Ahnengeister nicht an ihrem vorangegangenen Leben. Sie sind also nicht erdgebundene Totengeister, sondern körperlose Wesen, die auf die eine oder andere Weise hilfreich ins Leben der Menschen einwirken können. Das Gefühl der Anwesenheit Verstorbener bedeutet also nicht immer, dass ihr Geist noch erdgebunden ist. Besonders im Fall von Verwandten oder Partnern kann eine gewisse Beziehung zwischen ihnen und den Verkörperten für eine Weile bestehen bleiben, nachdem jene die Zwischenwelt bereits verlassen haben.

Geisterbeschwörung

Bei Geisterbeschwörungen, heute oft mit dem Modewort *channeling* bezeichnet, treten Totengeister nicht nur zufällig und unvorhersehbar auf, sondern werden von sogenannten Medien heraufbeschworen oder kontaktiert. Die Geister scheinen über grosses Wissen sowohl über Verstorbene als auch lebende Leute und vergangene oder zukünftige Ereignisse zu verfügen. Die uralte und unter verschiedenen Namen bekannte Kommunikation mit Geistern ist ein weites Feld und gibt zu berechtigten Vorbehalten bezüglich der Echtheit der «Botschaften aus dem Jenseits» Anlass. Sam Hess empfiehlt deshalb, sich diesbezüglich zu fragen, wer denn wirklich am «anderen Ende der Leitung» ist. Wohl mit keiner anderen Praxis im Zusammenhang mit Geistwesen wird derart viel Missbrauch betrieben.

> *«Channeling ist wie eine Internetverbindung ins Jenseits; aber wir wissen nicht wirklich, wer am anderen Ende der Verbindung sitzt.»* Sam Hess

Als gegen Ende der Sechzigerjahre im Zuge der weltweiten Bewusstseinsbewegung auch die Kommunikation mit körperlich Verstorbenen einen neuen Schub erlebte, mahnten besorgte Fachleute, wie indische Seher, zentralasiatische Schamaninnen oder Medizinleute der Stämme Amerikas zur Achtsamkeit im Umgang mit Geistwesen. Jene, die genau wussten, wovon sie sprachen, sagten immer wieder, dass viele Geister sich bloss wichtigmachen wollen und in der geistigen Welt über weit mehr Möglichkeiten der Täuschung verfügen als wir in der materiellen. Auf meine Frage, worauf man bei der Kommunikation mit Geistern am meisten achten solle, riet ein Schamane eindringlich, nie auf Geister zu hören, die einem einzureden versuchen, wie wichtig, begabt, auserwählt oder erleuchtet man sei. Sobald jemand ihnen glaube, würden sie ihn wie eine Marionette für ihre unguten Zwecke einsetzen. Gute Geister erkenne man daran, dass sie nicht sagen, was man tun oder lassen soll, und dass sie keine Anweisungen geben, die unbedingt befolgt werden müssen.

Sam sieht «drüben Hunderte Wesen, die sich gerne zur Verfügung stellen, um ein bisschen mitspielen zu können». In den Zwischenwelten würde ihnen das Wissen aller anderen unzählbaren Geistwesen zuteil sein, wie für uns die Informationen von über einer Milliarde Menschen im Internet. «Du kannst mit einem von ihnen Kontakt aufnehmen und dann erzählen sie alles, was man gerade hören will.» Die meisten seien aber nicht bösartig, ja eher fröhlich und verspielt, aber auch ein wenig naiv und wüssten nicht, was sie mit ihrem Treiben anrichten. «Geister sollten ihren Weg gehen und sich nicht in die Welt der Lebenden einmischen», macht Hess klar. «Damit richten sie oft Unheil an und stärken ihr eigenes Anhaften am vergangenen, irdischen Leben.» Auch Geistwesen haben nach Sams Beobachtungen eine persönliche und deshalb eingeschränkte Wahrnehmung, weshalb man ihre Aussagen ebenso hinterfragen muss wie die der Lebenden. Er hält denn auch immer wieder fest, dass Geistwesen auch nur Menschen seien und sich so verhalten wie wir. Es versteht sich dann von selbst, dass viele von ihnen den uns Menschen bekannten Drang nach Bestätigung, Ansehen oder Macht verspüren. In diesem Zusammenhang sind die «grossen Meister» zu beurteilen, die sich immer wieder bei Medien melden, aber nichts sagen, was nicht bereits bekannt ist. Auf Fragen, die bisher nicht beantwortet werden konnten, antworten sie ausweichend oder wimmeln sie mit Floskeln ab wie: «Dazu ist die Zeit für die Menschheit noch nicht gekommen.» Wirklich grosse Meister hätten im Jenseits unvorstellbar mehr Informationen zur Verfügung, als sie es als Menschen hatten, wendet Hess ein, und würden Dinge sagen, die über das heute Bekannte hinausgehen.

Verdrängung des körperlichen Todes

Die Verdrängung des Todes, die störende Einflüsse auf die Psyche hat, wird seit der Einführung der Psychologie als eines der Hauptprobleme der Menschheit bezeichnet. Grund dafür ist vor allem das materialistische Weltbild, nach dem wir durch einen rein biologischen Vorgang gezeugt und in die Welt hinein geboren werden, um nach einem mehr oder weniger langen Leben ein für alle Mal zu sterben. Einer der häufigsten Vorwürfe gegen die Religionen lautet, dass ihr Erfolg darauf beruhe, den Menschen ein Weiterleben nach dem Tod zu versprechen. Dabei wird aber oft vergessen, dass dies nicht einfach aus der Luft gegriffen ist, sondern auf den Erfahrungen und Einsichten beruht, welche spirituell hoch entwickelte Menschen seit Jahrtausenden gemacht haben und noch immer machen. Der Glaube, dass unsere Ahnen nicht aufgehört haben zu existieren, sondern in einer anderen Dimension weiterleben oder im Kreislauf der Inkarnationen eventuell wieder unter uns sind, gehört zu den ältesten und weltweit verbreiteten religiösen Überlieferungen. Während meiner mehrjährigen Aufenthalte in Süd- und Südostasien, sei es in Indien, im westtibetischen Ladakh oder in Laos, erlebte ich hautnah, wie sehr die Welt für Menschen mit einer natürlichen Beziehung zum körperlichen Tod, zu den Ahnen und zur Wiedergeburt, eine andere ist. Erst ohne die offene oder verdrängte Angst vor dem vermeintlichen Tod können wir echte Lebensfreude erfahren.

Geisterglaube heute

Aus heutiger Sicht der Dinge sind Diesseits und Jenseits nicht voneinander abgetrennte unterschiedliche Welten, sondern zwei Dimensionen des einen Bewusstseins. Darunter ist allerdings nicht das sogenannte Wachbewusstsein zu verstehen. Unter Vollnarkose bleiben etwa 80 Prozent der Nerventätigkeit aktiv, was zeigt, wie wenig wir von den effektiven Vorgängen in uns wahrnehmen. Es gibt jedoch Berichte von Patienten, die in Vollnarkose aussergewöhnliche Bilder und Erfahrungen erlebt haben. Die Erklärung dafür ist mehrheitlich psychologisch, aber die Forschung unvoreingenommener Mediziner zeigt eine erstaunliche Übereinstimmung zwischen Erfahrungen während der Narkose einerseits und Erfahrungen von Hellsichtigen sowie klinisch toten Menschen andererseits. Bleibt nun zu fragen, was die «unbekannten» Bereiche des Bewusstseins noch alles beinhalten. Zeitgemässe Ansätze der Psychologie beachten auch die Erkenntnisse der Quantenphysik sowie die Essenz der menschlichen Spiritualität. Unerschrockene Vertreter dieser Richtung sind etwa Timothy Leary oder der Psychotherapeut Stanislav Grof, der unter Fachleuten als einer der Begründer der ganzheitlichen Psychologie gilt. Die beiden haben mit ihren Arbeiten anschaulich und nachvollziehbar gezeigt, dass das menschliche Hirn respektive Bewusstsein über einige weitere Schaltkreise oder Ebenen verfügt, als bisher geglaubt. Man mag diese ausserirdisch oder spirituell nennen und nur wenige kennen sich genau aus, aber was Frauen und Männer aus mindestens sechs Jahrtausenden berichten, sollte man beherzigen; ihre Erlebnisse unterliegen weder unseren materialistisch geprägten Vorstellungen noch den physikalischen Gesetzen und sind mit einem multidimensionalen, «sich ständig in sich zurück verwandelnden Geschehen» zu vergleichen, wie der spirituelle Lehrer und Schriftsteller Alan Watts schreibt. Dieses spielt sich im kosmischen Bewusstsein ab, das, und dies ist eine weitere frohe Botschaft, nicht vom menschlichen Bewusstsein abgetrennt ist. «Kaum ein Mensch erkennt, was in unserem Geist alles möglich ist.» Alle Grenzen seien selbst gemacht und könnten entsprechend auch selbst überwunden werden. Nachdem Sam dies gesagt hatte, schwieg er ein Weile und fuhr fort: «Wenn man eine Vision hat, kann man sie auch verwirklichen, aber der Weg ist lang und benötigt meistens länger als ein oder viele Leben.» Doch das sei kein Grund, fügte er zum Schluss unseres Gesprächs fröhlich lachend an, sich nicht auf den Weg zu machen und ihn zu geniessen wie eine Wanderung durch ein schönes Land.

Eigene Erfahrungen

Wie viele Kinder und Jugendliche war ich von Gespenstergeschichten ebenso fasziniert, wie ich mich vor Gespenstern fürchtete. Als ich 1967 als 18-Jähriger in einem Altstadtkeller einen Vortrag des inzwischen verstorbenen Parapsychologen Friedrich August *Volmar* hörte, wurde mir bewusst, dass hinter dieser Faszination und Furcht mehr steckt als Einbildung. Im selben Jahr wurde der Schriftsteller Sergius Golowin Zeuge von seltsamen Vorgängen im sogenannten Spukhaus von Thun am Fuss der Berner Alpen. Dort trieb in einer von einer 70-jährigen Grossmutter, einer 37-jährigen Mutter und ihrer 13-jährigen Tochter bewohnten Wohnung ein Poltergeist sein Unwesen. Auf Einladung einer Tageszeitung wollte Golowin zusammen mit einigen Journalisten und Geisterexperten der Sache auf den Grund gehen. Der Abend begann mit einer kurzen Kommunikation mithilfe des sogenannten Fragen- und Antwort-Klopfens, bei dem ein geisterhaftes Wesen seine Anwesenheit bekundete. Bald darauf überschlugen sich die Ereignisse: Ein Schrank bewegte sich um einige Meter durch den Raum, ein Aschenbecher schwebte bogenförmig durch die Luft, einem der Journalisten löste sich eine Zigarettenpackung aus der Hand und machte sich selbstständig.

Ich habe zahlreiche Leute getroffen, die über eigene Erlebnisse mit Totengeistern sprachen, und einige der vielen Berichte und Bücher von und über sogenannte Hellsichtige gelesen. Auch wenn manches auf Einbildung beruhen mag oder gar erfunden ist, zeigt sich doch das Bild einer weltweit verbreiteten und bis tief in die Urgeschichte zurückreichenden Überlieferung von Begegnungen mit Geistern verstorbener Menschen.

Während der Arbeit an meinen Büchern über kraftvolle Orte und Landschaften stiess ich auch immer wieder auf «Gespenstergeschichten» sowie auf viele Menschen, die auf die eine oder andere Weise Totengeister wahrgenommen haben. Insbesondere im Kanton Wallis, wo die sogenannten Totenprozessionen überliefert sind, scheint der Schleier zwischen Diesseits und Jenseits für viele

Leute noch durchlässiger zu sein als anderswo. Persönlich habe ich bisher keine Geistwesen in Form von Gestalten gesehen, sie aber gelegentlich auf die eine oder andere Weise wahrgenommen, sei es als gefühlte Anwesenheit oder mittels unerklärbarer Vorgänge wie das Öffnen und Schliessen von Türen. Die eindrucksvollsten Erlebnisse hatte ich in einer einfachen Alphütte vis-à-vis des Jungfraumassivs. Als ich sie mietete, war mir nach Andeutungen der Bergbauernfamilie, der sie gehört, klar geworden, dass dort ein unsichtbares Wesen wohnt. Meine eigenen Erfahrungen bestätigten dies dann. Erst hielt ich die oft von einer Schwere, gelegentlich gar von Verzweiflung und Einsamkeit geprägte Energie für ein energetisches Echo eines einstigen Bewohners. Nach einigen Gesprächen mit Leuten, die wie ich öfter mehrere Nächte allein in der Hütte verbrachten, zweifelte bald niemand mehr daran, dass sich ein einstiger Bewohner nach seinem Tod dorthin zurückgezogen hat. Inzwischen haben sich auch alle Mitglieder meiner Familie an das Geistwesen gewöhnt, selbst die Kinder, nachdem sie alt genug waren und ihre Angst ablegen konnten. Meine Familie und ich wünschen ihm selbstverständlich eine baldige und gute Reise in die Welt seiner Bestimmung, aber wann es sie antritt, ist seine Sache und bis dahin geniesst es dasselbe Gastrecht, wie man es in den Bergen auch lebenden Menschen entgegenbringt, solange es niemanden ernsthaft belästigt.

Wie ich Sam Hess kennenlernte

Im Jahr 2008 wurde ich auf einen Dokumentarfilm über Spukhäuser aufmerksam gemacht. Da die Orte unter Interessierten bekannt waren, vernahm ich nichts Neues, war aber von dem mir unbekannten, im Film auftretenden Sam Hess auf angenehme Weise überrascht. ‹Dieser Mann ist einer der wenigen echten Hellsichtigen›, ging mir durch den Kopf. Bisher hatte ich vor allem Fachleute getroffen, die entweder das Phänomen der Geistererscheinungen als Forscher von aussen betrachteten oder als hellsichtige Menschen zu einer nach meinem Empfinden rein subjektiven Beschreibung ihrer Erlebnisse neigten.

Als ich einige Monate später vom Leiter des AT-Verlags, Urs Hunziker, gefragt wurde, ob ich mit und über Sam Hess ein Buch schreiben wolle, musste ich nicht lange überlegen. Bei unserem ersten Treffen fiel mir Sam mit seiner ruhigen und zurückhaltenden Weise erneut angenehm auf, tummeln sich doch auf dem Gebiet der Geistererscheinungen eher vorlaute Selbstdarsteller. Im Verlauf des Gesprächs bestätigte sich mein erster Eindruck von einem Menschen, der sieht und spürt, wovon er spricht, und wenn er spricht, dies mit wenigen Worten und ohne Umschweife tut. Im Zuge unserer Arbeit lernte ich Sam als einen der seit Menschengedenken überlieferten «Bergphilosophen» kennen, im Sinne eines Menschen mit einer natürlichen Veranlagung, andere Dimensionen der Wirklichkeit wahrzunehmen und das, «was die Welt im Innersten zusammenhält», durch Naturbeobachtung, geistiges Schauen und tiefes Nachsinnen zu verstehen.

Mein Mitbewohner aus der Geisterwelt

Einen grossen Teil dieses Buches schrieb ich in einem einfachen Holzhaus hoch über dem Thunersee im Berner Oberland. Es wurde Mitte letzten Jahrhunderts vom Maler, Dichter und Naturschützer Karl Adolf Laubscher und dessen Gattin bewohnt. Seine um das Jahr 1930 begonnenen Gedichte, Essays und «Notwendenden Worte» zum Schutz der Pflanzen und Tiere gehören zu den wegweisenden Pionierwerken einer «Grünen Kunst».

Wie ich dazu kam, dort zu wohnen und zu arbeiten, ist eine zu lange Geschichte, um an dieser Stelle erzählt zu werden. Im Licht der seither gewonnenen Erkenntnisse und Erfahrungen scheint mir heute, als hätte der Geist des 1974 verstorbenen Mannes dabei mitgewirkt. Dies allerdings nur so weit, weil meine Ideale bezüglich Tier- und Naturschutz mit jenen der von Laubscher gegründeten Stiftung übereinstimmten. Wie sagt doch der alte

Priester und Lehrer des halbwüchsigen Sam Hess: «Als Menschen sind wir ständig Einflüssen aus dieser und anderen Welten ausgesetzt. Aber wir sind es, die entscheiden sollten, auf welche wir eingehen.»

Wie sich bei der Besichtigung des Hauses herausstellte, fühlte sich die damalige Mieterin nie wirklich wohl, weshalb sie eine hellsichtige Frau bat, das Haus energetisch zu reinigen. Als diese das einstige Atelier des Künstlers betrat, stand dessen Geist mitten im Raum und teilte ihr klar und deutlich mit: «Halt, hier bin ich!» Die Frau erkannte, dass sie dem machtvoll auftretenden Geistwesen nicht gewachsen war und gab sogleich den Versuch auf, es aus dem Haus zu verbannen. Kaum war ich eingezogen, spürte ich die Anwesenheit des Geistwesens ebenfalls und war bald selbst davon überzeugt, das Haus mit seinem einstigen Besitzer zu teilen. Seine Präsenz war vor allem im Atelier zu spüren, wo Hunderte seiner Bilder aufbewahrt werden, all seine Korrespondenz und Notizbücher archiviert sind und seine zahlreichen Bücher aufliegen. Wenn ich abends in seinen Werken und Notizen las, war er jeweils sehr präsent und ich fühlte mich zunehmend mit ihm verbunden. Von der Alphütte her bereits an Mitbewohner aus der Geisterwelt gewohnt, lebe ich seit einigen Jahren mit ihm zusammen und habe in dieser Zeit einen erkenntnisreichen und hoffentlich für beide Seiten versöhnlichen Entwicklungsvorgang erlebt.

Ein hilfsbereites Geistwesen

Während der Arbeit an diesem Buch lud ich Sam zu mir ins Holzhaus ein, um sich dort umzusehen. Dies war allerdings nicht nötig, denn kaum hatten wir das Atelier betreten, schaute er auf einen freistehenden Stuhl und sagte: «Da sitzt er ja!» Vier Tage zuvor, an einem Samstag, hatte im selben Raum die Hauptversammlung des Stiftungsrates stattgefunden, der für die Liegenschaft und das Werk des verstorbenen Künstlers verantwortlich ist. Der Rat war neu konstituiert worden und musste verschiedene übernommene Probleme aufarbeiten, weshalb die ersten Sitzungen sehr förmlich und wenig kreativ gewesen waren. Doch an diesem Samstag war die Stimmung heiter und entspannt, was vor allem den feinfühligen Ratsmitgliedern sofort aufgefallen war, und angedachte Projekte nahmen innerhalb kurzer Zeit Form an. Wie sich herausstellte, war ich nicht der einzige, der während der Sitzung an das Geistwesen dachte und eine harmonisierende Kraft verspürte, die mit ihm zusammenzuhängen schien. Uns war bald klar, dass sich das Geistwesen noch seiner Aufgabe verpflichtet fühlte, mit seinem weitsichtigen und nach wie vor aktuellen Werk im Sinne seiner Ideale auf die eine oder andere Weise die Gegenwart mitzugestalten. Und möglicherweise ist sein geistiges Engagement ebenso hilfreich wie das der Lebenden. Solange das Wesen es als sinnvoll empfindet, in der Zwischenwelt zu verweilen, hat auch es in seinem Haus selbstverständlich Gastrecht.

Als ich Sam fragte, wie Totengeister auf die Zwischenwelt einwirken können, erwiderte er: «Weil sie in der Zwischenwelt nicht in den Grenzen eines materiellen Körpers leben, verfügen sie über die Fähigkeit, energetisch auf unsere Welt Einfluss zu nehmen.» In Zusammenhang mit verschobenen oder umgestürzten Gegenständen ist dieses Phänomen weit verbreitet. Ebenso geläufig sind jedoch Erfahrungen, dass Geistwesen Gedanken oder gar Gefühle zu beeinflussen vermögen, sei dies im guten wie im schlechten Sinn. Sam sagt in diesem Zusammenhang: «Man hört ja häufig Leute sagen, dass bei diesem oder jenem Ereignis etwa die verstorbene Grossmutter oder andere Verwandte in der geistigen Welt ein gutes Wort eingelegt haben.»

Der «Bergphilosoph» Sam Hess

In einem Gebirgstal der Innerschweiz aufgewachsen, erlebte Sam Hess bereits im Alter von sieben Jahren seine erste Begegnung mit einem Geistwesen. Damals war es sein lieb lächelnder Grossvater, den er neben dem Sarg sitzen sah. In den folgenden Jahren erwarteten ihn verschiedene andere Begegnungen, die ihm zu Beginn gehörig Furcht einflössten. Das einfühlsame Verständnis von Mutter, Vater und seinen Onkeln sowie der spirituelle Unterricht durch einen Priester des örtlichen Klosters halfen ihm, mit seiner aussergewöhnlichen Veranlagung zu leben.

> *«Es gibt keinen Meister, der weiss, was du tun sollst;*
> *aber wenn er echt ist, lehrt er dich zu erkennen, wer der wahre Meister ist.»*
> Sam Hess

Die vielen vertraulichen Gespräche mit dem Kollegiumslehrer erschienen ihm wie eine glückliche Fügung. Als Pater war dieser in einer universalen christlichen Mystik verwurzelt, kannte aber auch die wichtigen Werke spiritueller Überlieferungen verschiedener anderer Kulturen und Religionen. Von ihm erfuhr Sam, dass seine Hellsichtigkeit zwar selten, aber nicht aussergewöhnlich ist, und zu allen Zeiten unter Menschen verbreitet war. Aber mehr noch vermittelte der Pater ihm ein Weltbild, das nicht vom Dualismus von Gott und Teufel, von Schuld und Sühne geprägt ist, sondern nichts ausschliesst, was Menschen im Zuge ihres Lebens erfahren. Zu seinen wichtigen Lehrern gehörten ausser seinen Eltern einer seiner Onkel. Er war Apotheker, zog es aber vor, im Sommer auf einer abgelegenen Alp unter einem markanten Alpengipfel als Senn und im Winter als Bauer und Holzfäller auf seinem Hof im Tal zu arbeiten. «Tue recht und scheue niemand.» Nach diesem Leitspruch lebten die Bergler seines Heimatdorfes seit jeher, und Sam Hess übernahm diese Lebensweise gewissermassen mit der Muttermilch.

Wenn Sam von seinen Lehrern sprach, erwähnte er stets auch die Ziegen, mit denen er oft wochenlang jeden Tag von früh bis spät auf der Alp zusammen war. Er lernte von ihnen unter anderem, dass sie sich immer Zeit lassen, um ihre Umgebung aufmerksam zu betrachten. Dabei nahmen sie, wie Sam aufgrund ihres Verhaltens feststellen konnte, auch Natur- und Totengeister wahr. Der Hirtenknabe lernte von ihnen auch, wählerisch zu sein – klettern Ziegen doch oft auf Felsen und durch steile Halden, um an besonders würzige Kräutlein zu kommen. Aber vor allem schätzte Sam sie als eigenständige und sensible Wesen, die über gewisse Dinge mehr zu wissen scheinen als wir. Er staunte immer wieder, wie sie kommende Wetterwechsel bereits Stunden vorher fühlten und geschützte Orte aufsuchten.

Neben seinem Elternhaus unterhielt die Gemeinde ein Heim für Menschen mit psychischen Problemen. Wie für alle, die sie in ihrem Haus besuchten, hatte seine Mutter auch für diese Menschen jeden Alters stets ein offenes Ohr und ein gutes Wort. Für den jungen Sam Hess war das Zusammensein mit ihnen wie eine spirituelle Unterweisung gewesen. Von ihnen, die wie er Einblicke in andere Dimensionen hatten und nicht verstehen konnten, dass andere nicht dasselbe sehen können, lernte er, zwangslos mit seiner eigenen Hellsichtigkeit umzugehen.

Nach dem Besuch der Kloster-Realschule wurde Sam Förster wie sein Vater und verliess das heimatliche Tal. Doch die Geistwesen liessen ihn nicht los. Sei es in einer von seiner jungen Familie gemieteten Wohnung, als Feuerwehrmann bei schweren Autounfällen oder während der Arbeit im Wald – immer traf er auf sie oder wurde von ihnen aufgesucht.

Aufgaben und Prüfungen

Seltene Veranlagungen wie Hellsichtigkeit kommen kaum vor, ohne mit Aufgaben und Ausbildungen im Sinne von Prüfungen verbunden zu sein. Bereits als Fünfjähriger erlitt Sam einen Schädelbruch, und während seiner restlichen Kindheit kamen einige Gehirnerschütterungen dazu. Als junger Mann fällte er eine Buche, die in die Gabel einer zweiten fiel. Nachdem er mit seinem Arbeitskollegen die nötigen Vorkehrungen getroffen hatte, fällte er den tragenden Baum, worauf sich die erste Buche während des Falls in eine unerwartete Richtung drehte. In diesem Moment wurde Sam von «einer unsichtbaren Kraft zurückgerissen», sodass der fallende Baum bloss sein Nasenbein brach. Dank einem Schutzengel erhielt er für seine Unachtsamkeit nur einen Nasenstüber – wie er das beinahe tödliche Ereignis trocken kommentierte.

Als Förster stand Sam mit beiden Beinen fest auf dem Boden, mit der Zeit wurden ihm seine Einblicke in andere Dimensionen jedoch zu viel. Lange hatte er in zwei Welten gelebt. Sein Umfeld war von Kindheit an stets rauh gewesen, wie es unter Berglern eben ist: Sie haben eine besonders rauhe Schale, aber oft auch einen besonders weichen Kern, den sie nach aussen allerdings selten zeigen. Fluchen und andere Ausdrucksformen negativer Gefühle waren für seine Kollegen alltäglich.

> *«Das eigene Leiden hat mich auf den Weg gebracht. Geh ihn und richte dich nach den Erfahrungen, die du machst.»*
>
> Sam Hess

Die Arbeit in der Forstwirtschaft war unter den schwierigen Bedingungen der Berge besonders hart, was ebenfalls auf die Menschen in Sams gesellschaftlicher Umgebung abfärbte. Er wollte nicht länger der Aussenseiter sein und passte sich an, gab sich nach aussen ebenfalls grob. Seine spirituelle Seite behielt er so gut es ging für sich und wollte auch nicht länger hellsichtig sein – was ihm durch einen «Willensentschluss» auch gelang. Aber seine Verbindung zur geistigen Welt wurde nicht ganz unterbrochen, so kam es beispielsweise zu folgendem Vorkommnis: Während der Arbeit im Bergwald rief er seinen Kollegen, der auf der anderen Seite des Bachgrabens arbeitete, zu sich, obwohl es keinen Grund dafür gab. Kaum hatte dieser den Graben überquert, krachte unvermittelt ein Baum auf die Stelle nieder, wo dieser eben noch gearbeitet hatte. Sam war ebenso überrascht wie sein Kollege, doch als dieser wissen wollte, wie er von der Gefahr wissen konnte, sprach Sam von einem Zufall. Solche «Zufälle» erlebte Sam immer wieder, wie etwa folgenden: Als er einmal in der Abenddämmerung auf der Skipiste auf dem Weg ins Dorf hinunter war, wich er, ohne zu überlegen, von der Piste ab und glitt einige Dutzend Meter durch den Tiefschnee. Als er anhielt und sich wunderte, weshalb er dort sei, hörte er unterhalb einer mächtigen Schneeverwehung Stimmen. Eine Gruppe deutscher Skitouristen hatte sich im Dämmerlicht verirrt und hätte ohne seine Hilfe die Nacht auf über 2000 Metern und abseits der Piste möglicherweise nicht überlebt. Ein andermal sah er auf dem Heimweg von der Arbeit eine junge Frau auf der Brüstung einer hohen Mauer stehen und wusste intuitiv, dass sie im Begriff war, sich das Leben zu nehmen. Ruhig wie er ist, ging er auf die Frau zu und sagte: «Du kannst wohl hinunterspringen und deinen Körper vernichten, aber damit ist das Leben nicht zu Ende und keines deiner Probleme gelöst.» Von seinen unerwartet direkten Worten überrascht, stieg sie von der Brüstung hinunter und fragte, wieso er das wisse. Nach einem kurzen, aber tiefsinnigen Gespräch bedankte sich die Frau und verabschiedete sich mit der Bemerkung, eben verstanden zu haben, warum es sich lohnt weiterzuleben. Sam ist überzeugt, in solchen Situationen von einem Engel geführt worden zu sein, so wie er selbst einige Male von Engeln gerettet wurde.

Schamanische Krankheit

Am Tag vor Sams Hochzeit fiel dem Coiffeur auf seiner Kopfhaut eine verkrustete kleine Wunde auf. Von diesem Tag an begann für Sam eine 26-jährige Leidenszeit. Nachdem sich die Wunde nicht wie erwartet wieder schloss, ging Sam zu seinem Hausarzt, doch dessen verschiedene Salben, Tinkturen und Medikamente konnten nicht verhindern, dass sich die Wunde vergrösserte. In den folgenden Jahren suchte Sam verschiedene Mediziner auf, die auf dem Gebiet von Hautkrankheiten als ausgewiesene Experten galten, doch keines ihrer Medikamente und keine Therapie schlug an. Mittlerweile hatte sich die Wunde weiter ausgebreitet und sonderte eine «grässlich stinkende» Flüssigkeit aus. Da die Schulmedizin offensichtlich nicht helfen konnte, versuchte es Sam ohne

Erfolg bei verschiedenen Heiltherapeuten, unterzog sich mehrwöchigen Fastenkuren, besuchte Seminare für sogenanntes schamanisches Heilen und begann schliesslich eine Ausbildung als energetischer Heiler.

Während all der Jahre dachte er, dass die Heilung in seiner Verantwortung liege. Und wirklich: Erst als er sich «dem Höheren» überliess, war er für die Heilung bereit. Seiner Intuition folgend, meldete er sich bei einem als Exorzist arbeitenden Kapuzinermönch an, der aber wenige Tage vor dem vereinbarten Termin verstarb. Dann kam er auf unerklärbare Weise mit einer Heilerin ins Gespräch, die als Ursache seiner als unbekannt und unheilbar diagnostizierten Hautkrankheit einen Dämon erkannte und Sams eigene Wahrnehmung bestätigte. Während der Behandlung bei ihr erschien dieser vor seinen Augen als riesiges, dunkles und ausgesprochen bösartiges Wesen, in welchem Sam schliesslich seinen eigenen Schatten erkannte. Mit der Erkenntnis, dass er diesem mit seiner Lebensweise die Möglichkeit gegeben hatte, auf ihn einzuwirken, ja von ihm besessen zu sein, war der Weg zur endgültigen Heilung frei geworden. Bei der Sitzung mit der Heilerin erschien ein mächtiges Lichtwesen, das ihm die Kraft gab, zur Heilung seiner Erkrankung beizutragen, und ihn im Nachhinein an den «strahlenden» Erzengel Michael erinnerte, der sich als geistiger Ritter den lebensfeindlichen Kräften in den Weg stellt.

> *«Sehen und Heilen kann man nicht, ohne den Weg der eigenen Erfahrung zu gehen.»* Sam Hess

Während seiner langen Krankheitsphase musste Sam Hess viele schmerzliche Verluste hinnehmen und litt zeitweise grausam unter den Folgen seiner stets schwelenden und übel riechenden Wunde. Heute sieht er seine Leiden als Einweihungen, die ihn in düstere Welten jenseits aller Hoffnung blicken liessen. Weil er es nie aufgab, an die grundlegende Güte des Höchsten zu glauben, wurde seine Lebenskrise zur Ausbildung.

Weltoffen und stets hilfsbereit

Als ich Sam über seine Religion befragte, erzählte er, dass in seiner Kindheit die Priester den Kindern Angst vor allem, was nicht katholisch war, und Schuldgefühle gegenüber natürlichen menschlichen Regungen einflössten. Fast alles, was Jugendliche erleben, war Sünde, und beim Thema Sexualität war die Stimmung ausgesprochen verklemmt.

Als einer, der viel und oft allein in der Natur war, trug er im Herzen ein anderes Gottesbild und einen Glauben, der sich nicht auf Vorschriften stützen muss. So sah er etwa als Unterstufenschüler, dass bei der Messe die Umgebung des Altars heller wurde als der Himmel während des Sonnenaufgangs. Als er Jahre danach seinem vertrauten Priester und Lehrer davon erzählte, bestätigte ihm dieser, dass die meisten Priester dieses himmlische Licht selber nicht sehen würden und sich der Kraft ihrer magischen Handlungen nicht wirklich bewusst seien. Diese Erfahrung hat wohl viel dazu beigetragen, dass er seinen vom Christentum geprägten Glauben ausserhalb der Kirche lebt. Er sagt, es gebe viele Wege zu Gott, weshalb man auch für andere spirituelle Lehren offen sein sollte.

Während meiner vier Jahrzehnte dauernden Bekanntschaft mit dem Volkskundler und Schriftsteller Sergius Golowin kam dieser immer wieder auf die Tradition der alpenländischen Heilerinnen und Seher zu sprechen. Auf meinen zahlreichen Streifzügen durch die Bergwelt lernte ich die eine oder den anderen dieser beeindruckenden Menschen kennen. Diese Frauen und Männer, oft sind sie Bauern oder andere «einfache Leute», achten darauf, wem sie ihre Veranlagung anvertrauen, und «arbeiten» in der Regel nur für die Bewohner aus der Umgebung ihres Wohnortes. Der Grund dafür ist einerseits die Gefahr, sich der Ächtung einer gewissen Gesellschaftsschicht auszusetzen, und andererseits, von zu vielen Hilfesuchenden von ihrem gewohnten Leben abgehalten zu werden. «Ich bin Bauer», sagte einer von ihnen, «und will nicht meine Arbeit vernachlässigen, um Leute zu heilen, die gegen alles, was uns die Religion lehrt und der Anstand gebietet, leben und dadurch krank werden.» Als Bergbauer, Förster sowie einer, der Natur- und Totengeister sieht, als einer, der in Verbindung mit spirituell höher entwickelten Wesen oder Engeln steht, als einer, der als Naturheiler arbeitet und Kurse über Waldmystik anbietet, passt Sam Hess bestens ins Bild dieser Menschen, deren Bildung aus dem Herzen entspringt und nicht aus Büchern – wie Paracelsus zu sagen pflegte.

Zu diesem Buch

Der folgende erste Teil des Buches entstand auf der Basis von Texten, die von Sam Hess für sein im Eigenverlag veröffentlichtes Buch «Diesseits und Jenseits» verfasst wurden, sowie auf der Grundlage von Gesprächen und Ausflügen, die ich seit Anfang 2009 mit ihm führen respektive machen konnte. Der erste Teil mit seinen frühen Erlebnissen und Erfahrungen mit Geistwesen, beginnend bei seinem Grossvater bis zur Geschichte mit Remigi, ist in der Ich-Form aus der Sicht von Sam verfasst. Im zweiten Teil erzähle ich anhand von Sams Angaben über seine Erfahrungen mit Geistwesen und Hausreinigungen und stelle sie in einen grösseren, erklärenden Kontext. Das Schlusswort «Im Kreislauf des Ewigen» ist ebenso nach einem Text von Sam Hess verfasst.

Erste Erlebnisse

Als mein Grossvater gestorben war – ich war damals etwa sieben Jahre alt –, wurde er nach altem Brauch drei Tage bei uns zuhause aufgebahrt. Nachdem man das Totenbett fertig hergerichtet hatte, nahm mich mein Vater an die Hand und führte mich in die Kammer. «Schau», flüsterte er etwas heiser, «hier liegt der Körper deines Grossvaters, seine Seele ist jedoch schon auf dem Weg in den ewigen Frieden.» Seine Worte verwirrten mich weit mehr als die Leiche, sass doch mein lieb lächelnder Grossvater ruhig auf seinem Stuhl neben ihr. ‹Wie soll er auf dem Weg in den Himmel sein›, fragte ich mich, ‹wenn er doch hier vor mir sitzt?›

Soweit ich mich erinnern kann, sah ich damals das erste Geistwesen – und hatte dabei überhaupt keine Angst. Natürlich versuchte ich über das, was ich vor Augen hatte, mit meinem Vater zu sprechen, doch er schien mich nicht zu verstehen und tröstete mich mit gut gemeinten Worten über das ewige Leben. Ich fragte mich, warum denn Grossvater neben seiner Leiche auf dem Stuhl sass und warum mein Vater ihn nicht sehen konnte? Verunsichert beschloss ich, nicht weiter darüber zu sprechen; doch von diesem Tag an sah ich die Welt mit anderen Augen und begann, genauer hinzuschauen.

Mit der Zeit erkannte ich überall schemenhafte Umrisse, die an gewissen Orten in meiner Umgebung, wie in der Nähe des Friedhofs, in alten Häusern oder innerhalb des Klosterareals, zunehmend deutlicher erschienen. Nach dem Erlebnis mit Grossvaters Geist hatte ich mich damit abgefunden, dass Tote weiterleben, aber nur von wenigen gesehen werden. Als ich die Toten dann bald überall sehen konnte, akzeptierte ich, dass sie als Geistwesen mit uns zusammenleben. Ich machte wie alle Kinder die Erfahrung, dass ich Dinge wahrnahm, über die man nicht spricht, und vermutete als «unwissendes Kind» deshalb Geheimnisse der Erwachsenen. Wie viele andere gleichaltrige Kinder lebte ich also mit «einem Geheimnis», ohne zu bemerken, dass es mich von den anderen Kindern unterschied.

Etwa drei Jahre später war ich nach einem schulfreien Tag vom Bauernhof meines Onkels nach Hause zurückgekehrt, wo meine Mutter gerade mit einer alten Bekannten am Küchentisch sass. Ich setzte mich zu ihnen. Allein lebende Leute aus dem Dorf kamen beinahe täglich in unser Haus, um meiner Mutter ihre Sorgen anzuvertrauen. Sie hatte für alle ein offenes Ohr und hörte ihnen geduldig zu, was wohl einer der Gründe dafür war, dass die meisten von ihnen den Heimweg sichtbar ermutigt und erleichtert antraten. Von der Frau wusste ich, dass ihr Bruder Walter, mit dem sie jahrzehntelang in ihrem alten Elternhaus zusammengelebt hatte, vor wenigen Wochen gestorben war. Erst drehte sich das Gespräch darum, wie Walters Tod ihr Leben verändert hatte. Als meine Mutter fragte, was sie mit seinen Sachen gemacht habe, schaute sie erst einige Sekunden stumm in die Teetasse und begann dann mit stockender Stimme zu erzählen:

«Letzte Woche sass ich am späteren Abend in der Stube und las etwas. Auf einmal hörte ich deutlich, wie sich schwere Schritte der Haustüre näherten. Noch bevor ich mir überlegen konnte, wer mich um diese Zeit sprechen will, erkannte ich an den Geräuschen, dass die Tür von aussen geöffnet wurde. Stocksteif vor Angst wagte ich kaum zu atmen und hörte, wie die Schritte gemächlich die Holztreppe hinaufstiegen und vor Walters Zimmer kurz verstummten. Die Tür knarrte, dann waren noch zwei, drei Schritte zu hören, danach kehrte eine unheimliche Ruhe ein. Da niemand auf mein Rufen geantwortet hatte, ging ich ins Treppenhaus. Dort konnte ich nichts Ungewöhnliches erkennen oder hören, weshalb ich die Treppe zur Haustüre hinunterstieg. Die Haustüre war wie immer geschlossen und verriegelt. Ich hatte aber gehört, dass sie geöffnet, aber nicht wieder verriegelt worden war.»

Nach ihren Worten schaute ich verunsichert meine Mutter an, die kurz überlegte und dann ruhig fragte, was darauf geschehen sei.

«Nun, ich nahm all meinen Mut zusammen und ging zum Zimmer meines Bruders hinauf. Auch dort war die Türe fest verschlossen, aber ich ging hinein. Innen war zu meinem Erstaunen die Lampe eingeschaltet. Zwar habe ich das Zimmer seit seinem Tod unverändert gelassen und es auch kaum mehr betreten, doch das elektrische Licht wäre mir sicher aufgefallen. Nachdem ich den Raum durchsucht und nichts Aussergewöhnliches gefunden hatte, löschte ich das Licht und ging wieder in meine Wohnung zurück.

Von der beinahe schlaflosen Nacht immer noch müde, ging ich am nächsten Abend früher zu Bett als üblich. Nach einer Weile hörte ich wieder Schritte im Treppenhaus, wagte mich jedoch nicht aus dem Bett. Erst bei Tageslicht konnte ich mich überwinden, oben nachzusehen, wo tatsächlich wieder die Lampe brannte, obwohl ich sie doch bewusst ausgeschaltet hatte. In den folgenden Nächten wiederholten sich die Ereignisse. Aber weil die Schritte eindeutig wie jene von Walter klangen, fürchtete ich mich nicht länger. Da der Lärm jedoch nicht aufhörte, musste ich mit jemandem darüber sprechen und bin zu dir gekommen.»

Da fragte Mutter die sonst selbstsichere, stattliche Frau, die nun zitternd und mit hängendem Kopf auf dem Stuhl sass, wem sie sonst noch davon erzählt habe. «Mit wem könnte ich schon darüber reden?», antwortete sie müde und schüttelte ratlos den Kopf. Wer damals von solchen Dingen sprach, galt entweder als geistig gestört oder wurde nicht ernst genommen. Doch meine Mutter schien offener zu sein, obwohl sie eigentlich nicht an Geistwesen glaubte. Hilfsbereit wie immer versprach sie der Nachbarin, sie am nächsten Tag zu besuchen.

Natürlich war ich neugierig geworden und bat meine Mutter, mich mitzunehmen. Als wir dann vor dem unscheinbaren, zwischen zwei grösseren Gebäuden eingezwängten Haus mit der eisenbeschlagenen Tür standen, spürte ich das erste Mal in meinem jungen Leben ein seltsames Prickeln am Rücken. – Diese unverwechselbare Empfindung habe ich bis heute jedes Mal, wenn ein Geistwesen in der Nähe ist. – Überzeugt, dass jemand hinter mir steht, drehte ich mich um, konnte in der engen Gasse jedoch weit und breit niemanden sehen. Im Haus angekommen, waren die beiden Frauen im Wohnzimmer bei einer Tasse Tee bald in ein Gespräch vertieft, dem ich aber nicht zu folgen vermochte. Vor lauter Langeweile müde geworden, wollte ich nach Hause, doch meine Mutter forderte mich auf, noch etwas zu bleiben. ‹Aha›, dachte ich, ‹sie will warten, bis die seltsamen Geräusche wieder zu hören sind.› Tatsächlich sprang die Gastgeberin bald darauf beinahe zur Decke hoch und rief halblaut: «Da ist er!» Ich spürte erneut ein Kribbeln und wurde sofort hellwach. ‹Was war das?›

In die hereinbrechende Nacht lauschend, hörten wir deutlich schwere Schritte näher kommen. Nach dem quietschenden Geräusch zu schliessen, öffnete jemand die Eingangstür, dann bewegten sich die Trittgeräusche Schritt für Schritt die Treppe hoch und näherten sich der Wohnstube. Nicht nur mir war ungeheuer zumute. Auch die Hausherrin sass blass und steif auf ihrem Stuhl, und die Hände meiner betenden Mutter zitterten leicht.

Als die Schritte dann auf der Treppe zu den Räumen im oberen Stockwerk zu hören waren, entspannten wir uns etwas, obwohl wir alle überzeugt waren, dass eine schwere Person durch das Haus stapfte. Nach einigen Versuchen gelang es der Frau, mit zittrigen Händen eine Kerze anzuzünden, deren warmes Licht den Raum in eine beinahe feierliche Stimmung hüllte. «Nun ist er in seinem Zimmer oben und hat sicher wieder das Licht eingeschaltet», flüsterte sie heiser. Tatsächlich waren die Schritte nun kaum mehr zu hören und verstummten schliesslich ganz. «Das werden wir gleich sehen», erwiderte Mutter und stand entschlossen auf. So kannte ich sie. Von ihrem wiedergewonnenen Mut angesteckt, folgte ich ihr stolz die Treppe hinauf ins hell beleuchtete Zimmer des Verstorbenen, während seine Schwester einige Schritte hinter uns stehen geblieben war. Vom Licht einer nackten Glühbirne beleuchtet, wirkte der einfach möblierte Raum erst nüchtern, dann nahm ich eine freundliche und ruhige Stimmung wahr. Beim Umschauen wurde mein Blick wiederholt vom neben dem Bett stehenden Holzschemel angezogen. Auf einmal spürte ich, wie mir eine Kraft zuströmte und in diesem Moment wusste ich, dass dort ein menschliches Wesen war. Obwohl ich das für mich furchtlose Erlebnis mit Grossvater nicht vergessen hatte, stieg in mir kalte Angst auf. Den Frauen folgend, denen es auch nicht geheuer war, stand ich bereits auf der Treppe, als mir bewusst wurde, dass wir in der Eile die Türe offengelassen hatten. Ich ging zurück und, als ich von kindlicher Neugier getrieben kurz ins Zimmer schielte, sah ich, dass auf dem Schemel ein älterer Mann sass und mit auf den Knien aufgestützten Armen seinen Kopf in den Händen hielt. Erst blieb ich wie erstarrt stehen, aber dann schloss ich die Tür und folgte den Frauen ins Wohnzimmer.

Während die beiden über die sonderbaren Vorfälle sprachen, überlegte ich eine Weile, ob ich ihnen vom Geist erzählen sollte. Aber dann fürchtete ich, dass sie mein Erlebnis als kindliche Erfindung abtun würden. Unsere Gastgeberin war ohnehin derart verstört, dass ich sie nicht zusätzlich beunruhigen wollte, weshalb ich die Begegnung mit ihrem Bruder als ein weiteres Geheimnis für mich behielt.

Mutter war nun auch davon überzeugt, dass Walters Geist umgeht und riet der Schwester eindringlich, für ihn zu beten und morgen den Pfarrer zu bitten, das Haus einzusegnen. Nachdem sich unsere Bekannte beruhigt hatte, gingen wir über die Treppe, wo ich mich wieder von hinten beobachtet fühlte und das eigenartige Kribbeln am Rücken spürte, zur Haustüre hinunter. Erleichtert, das Haus hinter uns zu lassen, stapfte ich neben meiner Mutter durch den im Licht der Strassenlampen glitzernden Schnee nach Hause. Damals konnte ich noch nicht einmal ahnen, dass sich mit diesem seltsamen Erlebnis etwas öffnete, was fortan meinen Lebensweg bestimmen würde.

Etwa drei Monate später wurde ich erneut Zeuge eines Gesprächs zwischen meiner Mutter und ihrer Freundin vom «Geisterhaus» und erfuhr dabei, dass der Spuk offenbar vorbei war. Ein Satz, den Mutter damals zu ihr sagte, beschäftigte mich noch lange danach: «Dank deiner Gebete konnte Walters Seele den Weg ins Licht finden.»

Diese Geschichte ging mir ständig durch den Kopf, und ich fragte mich immer wieder, ob hinter der seltsamen Gestalt, die ich in Walters Zimmer gesehen hatte, und meiner diffusen Erinnerung an den Geist meines Grossvaters eine Wahrheit verborgen war, die niemand auszusprechen wagte. Denn wenn Verstorbene auf diese Weise erschienen, musste in unserem Körper eine zweite Person leben, die nach dem Tod weiter existiert und manchmal noch für eine gewisse Zeit auf der Erde verweilt.

Erste Gedanken zu Leben und Tod

Im elften Lebensjahr begann ich mich näher mit Fragen zum Thema Tod zu beschäftigen. Da man oft aufgebahrte Verwandte und Freunde besuchte, sah ich manche Leiche. Aber wo war die «innere Person» hingegangen? Seit dem Erlebnis mit Walters Geist glaubte ich nicht mehr, dass jede Seele nach dem Tod entweder in den Himmel oder in die Hölle kommt. Auf der anderen Seite wusste ich nun, dass ein Mensch nicht einfach in einem Sarg endet. Der Tod barg offenbar ein grosses Geheimnis in sich, und wie mir schien, wussten die meisten Leute nichts davon. Obwohl ich mittlerweile kaum noch an meine Erlebnisse mit den beiden Geistwesen dachte, wirkten sie im Unbewussten weiter.

Wenn ich meinen Vater begleiten durfte, der aus beruflichen Gründen die weit über unser Tal verstreuten Bauern besuchen musste, betraten wir oft jahrhundertealte Häuser mit alten Vorgeschichten. Kaum trat ich über die Türschwelle, spürte ich oft einen kalten Schauer von der Kopfhaut über den Nacken bis tief in den Rücken hinunter. Daraufhin spürte ich einen Windhauch am Körper und fühlte mich von einem oder mehreren unsichtbaren Wesen beobachtet. Zu spüren, dass selbst vor vielen Jahren verstorbene Menschen diese Erde keineswegs verlassen haben, sondern an ihren alten Wohnorten umgehen, erstaunte und verunsicherte mich jedes Mal aufs Neue. Wie froh war ich dann, Vaters kräftige Hand zu halten und mich vor den seltsamen Beobachtern geschützt zu fühlen. Vater glaubte wohl, meine Ängstlichkeit rühre daher, weil ich auf einem abgelegenen Hof aufwachse und nicht an fremde Leute gewohnt bin. Über den wahren Grund konnte ich ja nicht sprechen, also nutzte ich die Gelegenheit, um meinen Spürsinn zu verfeinern. Wenn ich fortan ein altes Haus betrat, blieb ich erst eine Weile stehen und prüfte, ob verstorbene Bewohner anwesend waren. Mit der Zeit konnte ich oft auch spüren, wie lange sie bereits als Geistwesen umgehen. Wenn eines in meiner Nähe war, grüsste ich schweigend und wünschte ihm den himmlischen Frieden.

Mit der Zeit wurden diese Erfahrungen beinahe alltäglich. Wenn ich zum Beispiel das Haus eines kürzlich verstorbenen Menschen besuchte, spürte ich sogleich, ob sein Geist noch dort verweilte. Wenn nicht, war der Raum von einer tiefen Ruhe erfüllt, in der ich mich trotz der Leiche im Zimmer ausgesprochen wohlfühlte. Dann fragte ich mich oft, wohin die Seelen nach dem körperlichen Tod wirklich gehen und weshalb einige noch eine Weile hier bleiben. Im Religionsunterricht wurde der Tod stets als etwas Endgültiges dargestellt. Jesus war zwar auferstanden, schliesslich war er ja auch Gottes Sohn; wenn wir Menschen sterben, sind wir jedoch endgültig tot. Und je nachdem, wie wir leben, werden wir dereinst vom höchsten und gestrengen Richter persönlich unsere Strafe oder Belohnung erhalten. Blieben die Geistwesen etwa hier, weil sie sich dem göttlichen Gericht entziehen wollten? Wohl kaum, aber wer konnte meine Fragen beantworten? Lehrer und Pfarrer waren unnahbare Autoritätspersonen, denen ich meine Gedanken nie anzuvertrauen gewagt hätte. So lebte ich mit dem Widerspruch zwischen dem, was sie mir erzählten, respektive was ich von meinen Eltern hörte, und dem, was ich selbst erlebte. Was nach dem Tod mit uns geschieht, war für die meisten offenbar kein Thema. Traute ich mich dennoch, jemanden diesbezüglich anzusprechen, wiederholte man die bekannte Haltung der Kirche, die sich jedoch nicht mit meiner Erfahrung deckte, oder ich erhielt ausweichende oder nichtssagende Antworten.

Bergdrama

Nach dem Abschluss der Primarschule wurde meine bisherige Vermutung bestätigt, dass in jedem Menschen ein Wesen lebt, das sich nach dem Tod manifestiert. Solche Wesen sollte ich fortan immer wieder auf die eine oder andere Weise sehen, wie ein aufmerksamer Wanderer die Blumen und Kräuter auf der Wiese erkennt. Nach dem letzten Schultag freute ich mich riesig darauf, die Sommerferien wie in den vergangenen Jahren auf «meinem Alpli» hoch über dem Tal mit meinem Onkel zu verbringen. Er war wie jeden Frühling mit seinen Ziegen, Rindern und Kühen auf die Bergweiden gezogen und sollte erst im Spätherbst ins Tal zurückkehren. Ungeduldig hatte ich schon frühmorgens nach einem kurzen Frühstück meine Sachen gepackt und ging zum nahen Hof des Onkels, um dort einen jungen Ziegenbock zu holen. Er hatte ihn vor einigen Wochen gekauft und ich sollte ihn nun mit auf die Alp nehmen. Das Böcklein spürte offenbar, dass ihn eine aufregende neue Welt erwartete und trottete unentwegt vor mir her, erst dem schäumenden Bach entlang und dann den Bergweg hinauf. Wie Ziegen eben sind, knabberte er ständig an den Büschen neben dem Weg und machte ab und zu kleine Abstecher ins steile Gelände zu besonders wohlschmeckenden Kräutern. Wenn er nicht von selbst herunterkam, blieb mir nichts anderes übrig, als ihn zu holen. Während einer dieser Klettereien verlor ich ihn kurz aus den Augen und war heilfroh, dass ich ihn an einem Büschel Alpenblumen kauend schliesslich auf dem Weg unten fand.

Nach dem Ausflug durch den steilen und felsigen Hang musste ich mich erst einmal setzen und Atem holen. Dabei beobachtete ich einen kreisenden Adler und liess dann meinen Blick über die hoch aufsteigenden Felsbänder gleiten. Ich hoffte, einige der Gämsen zu entdecken, die es um diese Jahreszeit zum frischen Gras zog. Da ich keine sehen konnte, wollte ich mich gerade auf den Weg machen, als mir auf einer Felskante eine dunkle Gestalt auffiel. Ihre Beine baumelten zwischen üppig wuchernden Alpenrosenbüschen in die Tiefe, während sie mich mit nach vorn gebeugtem Oberkörper zu beobachten schien. Wie seinerzeit bei Walters Geist rieselte mir ein kalter Schauer vom Kopf über den Rücken bis in die Füsse hinunter. So sehr ich mich anstrengte, konnte ich die Gestalt im Gegenlicht der Sonne nicht erkennen. War es vielleicht bloss eine optische Täuschung im Spiel von Licht und Schatten? Mir war jedenfalls unheimlich zumute und ich wollte nichts wie weg und ging zu meinem Weggefährten, der nun friedlich frische Blätter von den herunterhängenden Ästen rupfte. Im selben Moment, als ich das Seil ergriff, damit er nicht erneut weglief, sah ich ganz deutlich Walter auf seinem Holzschemel vor meinem inneren Auge. Nun konnte ich nicht länger verdrängen, dass dort oben kein lebendiger Mensch sass. Während ich mit dem verdutzten Bock im Schlepptau einige Schritte weiter hastete, war oben das typische Scheppern und Splittern von stürzendem Gestein zu hören. Kurz darauf sprangen einige Dutzend Meter vor mir kopfgrosse Felsbrocken über den Weg. Angesichts der unmittelbaren Gefahr hatte ich die seltsame Gestalt augenblicklich vergessen und beobachtete die Felswände über mir. Im Gebirge löst sich im Frühsommer ständig lockeres Gestein aus dem Fels, weshalb man stets auf verdächtige Geräusche lauscht und das Gelände aufmerksam beobachtet. Als ich sicher war, dass sich kein Geröll mehr bewegt, wollte ich schon weitergehen, aber mein Blick schweifte wie magisch angezogen zu der Felskante, die nun bloss ein Dutzend Meter entfernt war. Aus dieser Perspektive konnte ich nun eine durchscheinende männliche Gestalt mit Bart, kräftiger Statur und Wanderkleidung erkennen. Obwohl ich wieder erschrak, wendete ich mich diesmal nicht gleich ab und wunderte mich, dass er dort oben sass. Nun hob der Mann seinen linken Arm und wies auf eine etwas unter mir gelegene Stelle. Ich schaute kurz hin und gleich wieder hinauf, konnte die Gestalt aber nicht mehr erkennen.

Verwirrt stand ich mit zitternden Knien und trotz der Sommersonne fröstelnd auf dem Bergweg und hatte für einen Moment das Gefühl, als würde mich jemand mit eiskalten Händen berühren. Dann wurde ich von einem heftigen Ruck beinahe umgeworfen. Der Ziegenbock wollte endlich weiter und hatte energisch am Halsband gezogen. Da ging es mir gleich besser. Obwohl kein Mensch, war er mir in dieser Situation ein guter Kamerad und Weggefährte. Doch das Bild der Gestalt verbunden mit dem Gefühl, soeben einem unsichtbaren Wesen begegnet zu sein, liess mich nicht los. Auf was wollte die Gestalt mich hinweisen? Ich spürte, dass hier etwas vorging, was ich nicht in meine bisherigen Erlebnisse einordnen konnte. Dann stieg eine heftige Neugier in mir auf, weshalb ich trotz der Angst beschloss, der Sache nachzugehen. Zur Sicherheit band ich den Bock an ein Bäumchen und ging zu der Stelle, auf die das Geistwesen gewiesen hatte. Als ich knapp vor dem Fuss der Felswand stand, sah ich zwischen den Steinbrocken einen dunklen Gegenstand. Neugierig schob ich mit dem Stock das Gras zur Seite und erkannte einen Bergschuh. ‹Seltsam›, dachte ich, ‹wie kommt der wohl hierher?› Dann wurde mir bewusst, dass der Schuh verschnürt war. Ich stellte ihn mit dem Stock auf, und erneut fuhr mir ein Schreck durch die Glieder, denn aus dem mit einer undefinierbaren Masse gefüllten Schuh ragte ein bleicher Knochen heraus. Mit dem abstossenden Fund war mein Forscherdrang erloschen. Nachdem ich den Ziegenbock losgebunden hatte, eilte ich, ohne mich umzuschauen, über den nun steiler ansteigenden Weg hoch und plauderte zu meiner Beruhigung mit meinem Begleiter. Als wir beide etwas ausser Atem und stark schwitzend auf der Alp ankamen, stand mein Onkel wartend vor der Hütte.

Wie gut tat es mir doch, nach dem grusligen Erlebnis seine vertraute Stimme zu hören. Nun kehrte auch die Freude über den Alpsommer zurück. Gerne folgte ich ihm in die schindelgedeckte Alphütte, die mir über die Jahre zum zweiten Heim geworden war. Aussen war auf den dunkel gebräunten Balken vom Zusammenspiel zwischen Holzstruktur, Wind und Wetter ein eindrückliches Naturkunstwerk entstanden, während die Innenwände mit einer dicken schwarzen Russschicht überzogen waren. In der geräumigen Küche wurde auf offenem Feuer Käse gemacht und

Mahlzeiten gekocht, was über die Jahrhunderte seine Spuren hinterlassen hatte. Am gemütlichsten war das Stubli, eine kleine Kammer mit einem Tisch, zwei eigenwillig geschnitzten Holzstühlen und einer Eckbank. Nachdem der Onkel einen Tee gebraut hatte, setzten wir uns an den Tisch. Während er schweigend rauchte, stieg in mir ein Gedanke auf. Obwohl ich nach wie vor mit niemandem über die Geistwesen sprechen wollte, könnte ich ja bloss vom grusligen Fund erzählen und das Geistwesen weglassen.

«Du», sagte ich zögernd, «ich habe da unten, wo sich die Steinrunse zum Geissberg hochzieht, etwas Seltsames entdeckt.» Mein Onkel reagierte sogleich ausgesprochen aufmerksam. Offenbar hatte er bei der Ankunft mein ungewohntes Verhalten bemerkt. «Nun, was war denn da unten so Besonderes, dass du anscheinend den ganzen Weg herauf gerannt bist? Und diesen seltsamen Gesichtsausdruck habe ich bei dir noch nie zuvor gesehen.» Wie immer handelte er wie ein typischer Bergler überlegt und abwartend, bevor entschieden wurde. In den vielen Alpsommern konnte er von der wilden Natur der Berge viel lernen und eine weise Bedächtigkeit entwickeln. Seine ruhige Haltung ermunterte mich, ihm vom Schuh zu erzählen. Die Geschichte schien ihn zu berühren, denn er zündete sich entgegen seiner Gewohnheit eine zweite Zigarette an. Nach einem tiefen Zug blies er den Rauch zur Decke und sagte daraufhin leise, dort unten müsse eine Leiche liegen.

Als am Morgen das Vieh gemolken und auf der Weide war, gingen wir ins Tal und meldeten den Fund der Polizei. Mit dem Wachtmeister und einem erfahrenen und ortskundigen Bergführer an der Fundstelle angelangt, bestätigte der Polizist, dass im Schuh sterbliche Überreste eines Menschen steckten und gab dem Bergführer den Auftrag, zusammen mit dem Onkel die Felsbänder zu durchsuchen. Er selber wollte am Fuss der Wand nach weiteren Leichenteilen Ausschau halten. Ich meinerseits wollte auf keinen Fall allein bei der Fundstelle bleiben, weshalb ich allen Mut zusammennahm und gestand zu wissen, wo der Verstorbene liegt. Als ich zur Felskante wies, bestritt der Bergführer, dass er dort oben liegen könne. «Wie hätte denn jemand dort hinauf geraten können?» Nun schaute mir der Polizist ernst in die Augen und wollte wissen, ob ich etwa selbst hochgeklettert sei. Mein Onkel spürte offenbar, dass ich recht hatte und sagte, als gäbe es daran nichts zu rütteln, bestimmt und ruhig: «Wenn mein Neffe glaubt, dass die Leiche dort liegt, ist es so.»

Daraufhin kletterte der Bergführer geschickt zur Felskante hoch und rief sogleich: «Da liegt tatsächlich einer!» Hastig befestigte er einen Haken im Fels und seilte sich in Windeseile ab. Als er wieder vor uns stand, schüttelte er ungläubig den Kopf und murmelte, er könne sich nicht erklären, wie einer ohne Bergausrüstung auf diesen Felssims gelangt sei. Nun war dem Wachtmeister klar, dass der verweste Fuss vom Steinschlag abgetrennt worden und schliesslich hinuntergefallen war.

Während die beiden Männer die Bergung der Leiche besprachen, verabschiedeten wir uns. Es war höchste Zeit, auf die Alp hochzusteigen, wartete dort doch die tägliche Arbeit auf uns. Beim Handschlag schaute mir der Wachtmeister fest in die Augen und sagte freundlich: «Es wundert mich ja schon, dass du wusstest, dass die Leiche gerade dort oben liegt. Wenn es dir recht ist, möchte ich noch einige Worte darüber reden.» Der Bergführer nickte zustimmend, aber ich schwieg, und so haben sie es nie erfahren. Jedes Mal, wenn ich in den folgenden Jahren an der Stelle vorbeiging und mich an das Bild der traurigen Gestalt erinnerte, fragte ich mich, ob das Geistwesen wohl den Weg in die Anderswelt gefunden hat.

Mein erstes Gespräch mit einem Geistwesen

Etwa drei Jahre nach dem Erlebnis auf dem Alpweg begleitete ich meinen Vater auf einem seiner Kontrollgänge durch das Wildreservat in unserem Tal. Wir waren seit den frühen Morgenstunden durch enge Schluchten hinauf zu kargen Alpweiden und dann zu den Fels- und Steinhalden am Rand eines mächtigen Gletschers gewandert. Während des Abstiegs durch ein kleines Tal bemerkte ich, wie mein Vater immer wieder zu den Felsbändern auf der gegenüberliegenden Seite schaute. Auf einmal blieb er stehen, schaute angespannt durchs Fernrohr und murmelte: «Was hat denn der Mann wohl vor?»

Seinem Blick folgend sah ich einen jungen Burschen aufwärts klettern. Wahrscheinlich hatte er oben die zwischen den Felsbändern wachsenden Edelweissblumen gesehen und hangelte sich nun ohne Sicherungsleine langsam am Fels vorwärts. «Das wird nicht gut gehen», unterbrach Vater die gespannte Stille. «Dort hochzuklettern mag ja noch angehen, aber dann einen sicheren Abstieg zu finden ist etwas anderes.» Doch der waghalsige Kletterer schien die Gefahr nicht zu erkennen und turnte etwa sechzig Meter über dem Boden durch den teilweise überhängenden Fels. Wie mein Vater als erfahrener Bergsteiger befürchtet hatte, glitt sein Fuss am glatten Fels plötzlich aus und seine nach Halt suchenden Hände griffen ins Leere. Entsetzt mussten wir zuschauen, wie der junge Mann mit einem markdurchdringenden Schrei in die Tiefe stürzte und dumpf auf den Boden schlug.

«Komm, ich will sehen, ob wir ihm noch helfen können», flüsterte mein Vater, nachdem wir erst eine Weile betroffen zum Unfallort hinübergeschaut hatten. Nach wenigen Minuten standen wir vor dem reglosen und blutverschmierten Körper, der mit unnatürlich verdrehten Armen und Beinen zwischen den Gesteinsbrocken am Fuss der Felswand lag. Obwohl ich schon viele Leichen gesehen hatte, konnte ich den Anblick kaum ertragen und wandte mich ab. Mein Vater, der bereits mehrmals tödlich abgestürzte Bergsteiger geborgen hatte, begann ruhig und überlegt zu arbeiten. Von seinem besonnenen Handeln etwas beruhigt, wendete ich mich wieder zu ihm um. Der Tote lag nun mit geschlossenen Augen auf einer ebenen Grasfläche. Neben ihm kniete mein Vater und deutete stumm auf ein blutgetränktes Edelweiss neben seiner linken Hand.

Warum musste ich schon wieder Zeuge eines Bergtods werden? Doch Vater unterbrach meinen Gedanken und erklärte, dass wir auf der nächsten Alp eine hölzerne Rückentrage holen müssten, wie sie damals noch überall in den Bergen gang und gäbe waren. «Komm, wir müssen uns beeilen, wenn wir vor Einbruch der Dunkelheit die Bahnstation erreichen wollen.» Wir liessen unsere Rucksäcke, wo sie waren, und marschierten los. Als wir uns später wieder dem Unfallort näherten, stand die Sonne nur noch knapp über den Bergkuppen und tauchte die Felswände über uns in ihr Abendrot. Einige Dutzend Meter vor der Felswand sah ich den jungen Mann neben den Rucksäcken und blieb wie angewurzelt stehen. Mein Vater dachte wohl, ich würde mich vor der Leiche fürchten, und forderte mich mit ruhiger Stimme auf zu warten. Nun wusste ich, dass er den Mann nicht sehen konnte. Dieser schaute sichtlich verwirrt und orientierungslos meinem Vater nach. Als er mich rief, ihm zu helfen, den Toten auf die Trage zu binden, war mir bereits klar geworden, dass ich es einmal mehr mit einem Geistwesen zu tun hatte. Ich nahm allen Mut zusammen und rannte die kurze Strecke zur Absturzstelle, wo ich erneut überrascht stehenblieb, denn nun stand das Geistwesen neben seiner Leiche. Ein kurzer Blick auf meinen Vater zeigte mir, dass ihm nichts aufgefallen war, weshalb ich ihm ohne ein Wort zu sagen bei der traurigen Arbeit zur Hand ging. Dabei schaute ich ab und zu zur Gestalt auf, die mit sanft über den Rasen gleitenden Schritten unschlüssig zwischen uns und dem Bergbach hin und her ging. Sie trug an den Umrissen schwach erkennbare Bergsteigerkleidung und wenn ihr ein Baum oder Felsblock im Weg stand, verschwand sie kurz, um auf der anderen Seite wieder zum Vorschein zu kommen.

Nachdem wir den geschundenen Körper zusammen auf das Tragbrett gehoben hatten, schaute der junge Mann verständnislos zu, wie wir die Leiche mit unseren Regenjacken zudeckten. Als sich unsere Blicke für einen kurzen Moment kreuzten, hörte ich auf einmal, wie er zu mir sprach, was mich verwirrte, war doch diese Erfahrung neu für mich.

«Was mach' ich hier, was ist denn passiert?» Ich vernahm das, was er sagte, wie einen Fluss von Gedanken, verstand sie aber, als hätte der Mann laut und deutlich gesprochen. Doch kaum war mir bewusst, was geschah, löste sich die Gestalt auf und verschwand. Ich half Vater, die Trage auf den Rücken zu wuchten, und marschierte neben ihm auf dem schlüpfrigen, rauhen Bergpfad vorsichtig talwärts. Nach etwa einer Stunde machten wir kurz Rast. Obwohl die Sonne bereits hinter den Bergen verschwunden war, erkannte ich im schwindenden Licht das Geistwesen. Ich hätte lieber nichts gesehen, konnte aber die Augen nicht von ihm abwenden. «Du musst mir helfen», flehte der Mann mich an, «ich weiss, du kannst es.» ‹Wie soll ich dir helfen können›, dachte ich und vernahm sogleich: «Weil du mich hörst und verstehst.» Ein sprechendes Geistwesen, das mich obendrein verstehen kann, war für mich wirklich neu und hat mich entsprechend verwirrt. Vielleicht sollte ich jetzt doch mit Vater darüber sprechen. «Nein! Selbst wenn er möchte, wird er dich nicht verstehen und glaubt am Ende noch, du hättest einen Schock erlitten oder leidest unter Wahnvorstellungen.» Auf meine Frage, warum es denn ausgerechnet meine Hilfe brauche, antwortete es umgehend: «Als du mich vorhin nicht mehr sehen konntest, sprach ich mit meinem vor vielen Jahren verstorbenen Vater. Leider kann er aber nicht helfen, denn ich soll in eine andere Welt gehen als die seine. Dort wartet meine Mutter auf mich; aber weil er den Weg nicht kennt, hat er mir geraten, dich um Hilfe zu bitten. Dein Gebet aus reiner Seele werde mir helfen, ihn zu finden und mir wie ein Schlüssel den Eingang zu ihrer Welt öffnen.» Noch während ich mich fragte, ob ein Gebet ihm wirklich helfen könnte, kam prompt die Antwort: «Ja, so ist es.»

«Du bist verunglückt!», murmelte ich wie von einer inneren Kraft geführt. «Aber bloss der irdische Körper ist tot, du selbst lebst weiter, wie du schon bemerkt hast. Geh nun ins Licht, das dir bald den Weg leuchten wird. Ich werde dafür beten, dass deine helfenden Geister kommen und dich in die Anderswelt begleiten.» Daraufhin bat ich alle Engel und Heiligen, die ich mit Namen kannte, dem Mann beizustehen und ihn auf seinem Weg zu begleiten. Die Worte kamen spontan aus mir heraus, ohne dass ich ihren Sinn ganz verstehen konnte. «Aber ich bin doch da, wie soll ich dann tot sein?», fragte der Mann ungläubig. Ich wusste es auch nicht – hatte ich doch bisher selbst keine Antwort gefunden – und der spontane Gedankenfluss war versiegt. So sagte ich etwas hilflos, dass er nun halt ohne einen Körper leben müsse.

Mein Vater hatte die Jacken über der Leiche zurechtgezogen und fragte beim Verknüpfen der Seile, weshalb ich vor mich hinmurmle. «Ich habe für den Toten ein Gebet gesprochen», antwortete ich etwas verlegen. «Das hast du gut gemacht», sagte er aufmunternd, «wer weiss schon, welchen Weg er vor sich hat. Möge seine Seele in Frieden ruhen.» Dann hob er seine Last wieder auf den Rücken und ging weiter. Ich stand für einen Moment unschlüssig dem Geistmann gegenüber. Obwohl ich meinem Vater folgen wollte, konnte ich die hilflose Gestalt nicht einfach so stehen lassen. Als hätte sich meine Hand selbstständig gemacht, zeichnete sie ein Kreuz in die Luft, und ich hörte mich sagen: «Geh, ich werde für dich beten.» Dann schaute ich ihn noch einmal an und wandte mich entschlossen um. Als ich nach einigen Schritten noch einmal zurückschaute, war der Geistmann nicht mehr zu sehen.

Erleichtert eilte ich Vater nach und ging schweigend neben ihm her. Die Dämmerung war beinahe zur Nacht geworden, als wir endlich die Bahnstation vor uns sahen. Im Licht der Lampe konnte ich vor dem Gebäude eine schattenhafte Gestalt sehen. ‹Nicht schon wieder der Geistmann›, schoss es mir durch den Kopf. Doch dann erkannte ich, dass der Maschinist auf uns gewartet hatte. Dank seiner Aufmerksamkeit konnten wir mit der letzten Gondel ins Tal fahren. Während Vater die Leiche zur Polizei trug, lief ich direkt nach Hause, wo die Last der letzten Stunden bald von mir wich. Den Geistmann habe ich seither nie mehr gesehen, aber ich bin überzeugt, dass ich ihm irgendwann in einer anderen Welt begegnen werde.

Ein einfühlsamer Mönch als Freund

Nach der Grundschule trat ich ins Klostergymnasium ein. Obwohl ich lieber mit den Ziegen meines Onkels über die Alpweiden gezogen wäre, verbesserte ich dadurch die Voraussetzung, meinen Wunschberuf Förster zu erlernen. Seit meinem Erlebnis mit dem Geistmann waren erneut drei Jahre vergangen. Während dieser Zeit hatte ich kaum mehr an ihn oder an die anderen Geistererlebnisse gedacht. Doch immer, wenn ich bei einer der Unfallstellen vorbeiging, stiegen in mir die Bilder wieder auf und ich fragte mich, wo die beiden Geistwesen wohl sind.

Im Gymnasium erlebte ich den Unterricht als abwechslungsreich und inspirierend. Genauso schätzte ich die Gespräche mit den Mönchen, wenn sie uns in ihrer Freizeit bei Wanderausflügen auf der Alp besuchten. Manchmal setzten sie sich zu meinem Onkel in die kleine Stube, wo ich den offenen und angeregten Gesprächen interessiert zuhörte. Auch als Messdiener hatte ich Gelegenheit, mit dem einen oder anderen Priester zu sprechen, doch blieben diese Kontakte stets etwas distanziert. Die Ordensleute lebten in einer anderen Welt als die Talbevölkerung. Während die einen zum grössten Teil einfache Bauern, Handwerker oder Arbeiter waren, hatten die gut gebildeten Mönche und Priester einen ganz anderen geistigen Hintergrund. Obwohl sich die Benediktiner aufrichtig um eine Beziehung zur Gemeinde bemühten, wirkte der Bildungsunterschied doch wie eine trennende Wand. Auf der anderen Seite misstrauten viele Einheimische dem «reichen» Kloster, obwohl es seit jeher sein Land günstig an die Bauern verpachtete.

Einer der Mönche feierte manchmal in der kleinen, am Schulweg gelegenen Antonius-Kapelle die Frühmesse, weshalb wir den Weg zum Kloster oft zusammen gingen. Weil er mein Zeichenlehrer und überdies ein herzlicher Mensch war, konnte ich bei diesen Gelegenheiten ungezwungen dieses oder jenes ansprechen, was zu vielen interessanten Gesprächen führte. Mit der wachsenden persönlichen Beziehung zu ihm entwickelte sich in mir ein bisher ungekanntes Vertrauen. Die Art, wie er die alltäglichen Dinge des Lebens offen und aus aktueller Sicht kommentierte, machte grossen Eindruck auf mich. Obwohl er sein Leben der höheren Macht widmete und manchmal von einem geistigen Leuchten erfüllt war, stand er doch mit beiden Beinen fest auf dem Boden der weltlichen Realität. Jedes Mal, wenn er in der Kapelle die Frühmesse las, freute ich mich im Voraus auf die Gespräche mit ihm, die meinen Schulweg zum Vergnügen werden liessen.

An einem strahlenden Sommermorgen waren wir wieder einmal zusammen zum Kloster unterwegs. Dabei erwähnte er nebenbei, dass er nachher einer Sterbenden die letzte Ölung verabreichen werde, und bald drehte sich unser Gespräch um das Thema Tod und Sterben. Endlich hatte ich Gelegenheit, mit jemandem zu sprechen, der offensichtlich weit mehr darüber wusste als alle anderen Leute, die ich bisher kennengelernt hatte. «Sprechen sterbende Menschen über das, was sie wahrnehmen? Kann man mit Verstorbenen auch nach ihrem Tod Kontakt haben?» Kaum hatte ich die Fragen spontan geäussert, war ich von meiner Offenheit selbst überrascht. Der Mönch blieb stehen, schaute mich mit seinen blauen und liebevollen Augen an und fragte: «Nun, wie meinst du das?»

«Ich weiss eben, dass verstorbene Personen manchmal am Ort ihres irdischen Lebens umgehen und sich bemerkbar machen», flüsterte ich hastig, plauderte ich doch eben mein grosses Geheimnis aus. Natürlich bemerkte er meine innere Aufregung und konnte offenbar verstehen, dass ich eben spontan etwas gefragt hatte, was ich eigentlich nicht wollte.

«Hast du etwa eine diesbezügliche Erfahrung gemacht?» Seine Stimme klang noch etwas fröhlicher und wärmer als sonst, was mich ermunterte, weiterzusprechen. «Ja», flüsterte ich noch etwas leiser und schämte mich trotz des gewonnenen Vertrauens, als hätte ich Unrecht getan. «Ja, schon einige Male.»

Ausser dem fröhlichen Gesang der Vögel und unseren Schritten auf dem Kiesweg war eine Weile nichts zu hören. Mir schien, der Mönch denke in seiner bedächtigen Art darüber nach, wie er meine Fragen offen und ehrlich beantworten konnte. Oder war er von meinem Bekenntnis derart überrascht, dass ihm einfach nichts einfiel?

«Das ist ja interessant», sagte er mehr zu sich als zu mir, blieb stehen und fuhr immer noch lächelnd, aber mit einem ernsten Ton in der Stimme fort. «Von deinen Erlebnissen musst du mir einmal in aller Ruhe erzählen, doch nun zu deinen Fragen. Es gibt auf dieser Erde Menschen, die nach dem körperlichen Tod den Weg ins Licht noch nicht finden und gewissen Menschen auf die eine oder andere Weise erscheinen. Sie können und dürfen dabei viele Wege gehen. Ich selbst habe keine eigene Erfahrung mit Geistwesen, weiss aber, dass wir nach dem Tod lediglich den Körper verlassen. Einige Mönche im Kloster kennen sich jedoch mit Erlebnissen wie jenen, wie du sie hattest, sehr gut aus.»

Als hätten seine Worte in mir eine Blockade gelöst, fühlte ich eine ausgesprochen belebende Kraft durch meinen Körper pulsieren. Endlich konnte ich mir eingestehen, dass die Geistwesen keine Einbildung gewesen waren. Obwohl ich nie an meiner Wahrnehmung gezweifelt hatte, konnte ich doch nicht richtig sicher sein, dass die Erscheinungen nicht so etwas wie Tagträume waren. Nun hörte ich zum ersten Mal, dass solche Dinge tatsächlich geschahen. Mir war, als würde ein Vorhang zur Seite gezogen und eine neue Sicht auf die Welt geöffnet. Ich durfte also glauben, was ich sah!

«Wenn du mehr über deine Erlebnisse wissen möchtest, werde ich mit einem Klosterbruder sprechen.» Bei diesen Worten schaute der Mönch mich ernst an. Mittlerweile hatten wir den Vorhof des Klosters erreicht, wo sich unsere Wege trennten. Ich stotterte aufgeregt eine Antwort und verabschiedete mich mit einem herzlichen Handschlag. Was ich so oft gewünscht hatte, wurde an diesem herrlichen Sommermorgen wahr. Glücklich, einen vertrauenswürdigen und gelehrten Freund gefunden zu haben, lief ich fröhlich pfeifend zum Schulgebäude.

Endlich Gewissheit

Einige Wochen nach dem Gespräch zog ich für die Dauer der Schulferien auf die Alp. Trotz der harten Arbeit erlebte ich erneut echte Freiheit, tiefe Freude und willkommene Abwechslung. Das Gefühl, mit der Natur, den Pflanzen, Wildtieren, Steinen und Bächen eins zu sein, machte aus jedem Tag eine kleine Ewigkeit. Ganz besonders liebte ich meine zwei Dutzend Ziegen, die für viel Unterhaltung sorgten. Viel zu schnell zog der Herbst mit seinen kürzeren und kühleren Tagen und länger werdenden Schatten in der Bergwelt ein. Irgendwie spürte man beim Anblick der welkenden Blumen und der sich braun färbenden Weiden eine leichte Melancholie; bald würden wir diesen wunderbaren Flecken Erde einen langen Winter lang nicht mehr besuchen können. Wie jedes Jahr fiel es mir nach der Alpfreiheit nicht leicht, mich wieder an das Leben im Tal zu gewöhnen. Umso mehr freute ich mich, als nach einigen Tagen der freundliche Mönch mit zum Gruss erhobener Hand von der Kapelle kommend auf mich zueilte. Auf dem Weg zum Kloster kam er auf die Arbeiten während des Zeichenunterrichts zu sprechen. Dabei lobte er, wie genau ich die Dinge betrachtete und deshalb Details sehen würde, welche die meisten anderen Schüler nicht beachteten.

«Du musst wissen, dass diese Gabe eine echte ‹Meditation› ist, die deine geistige Entwicklung unterstützt. Aber erzähl mal, wie ist das eigentlich, wenn man Dinge sieht, von denen andere nicht einmal wissen? Geht dein Blick dann über die Grenzen unserer Welt hinaus?»

«Ich weiss auch nicht recht, wie ich das beschreiben soll», antwortete ich verlegen. «Eigentlich habe ich ausser den geisterhaften Gestalten verstorbener Menschen nichts Aussergewöhnliches gesehen.»

«Nun, das ist mehr als die meisten von uns wahrnehmen können. Ich sprach in den vergangenen Wochen einige Male mit meinem Mitbruder darüber. Er war sehr interessiert und möchte demnächst mit dir sprechen. Aber selbstverständlich nur, wenn du auch willst. Wie ich feststellen konnte, weiss er mehr über das Leben nach dem Tod und die Geister verstorbener Menschen. Ausserdem bin ich überzeugt, dass er dir sein ganzes Vertrauen schenken wird und du ihm ebenfalls vertrauen kannst.»

«Das wäre schon was», rief ich hastig, denn in diesem Moment begannen die Glocken des nahen Klosters zur Schule zu läuten. Mein neuer Freund lächelte mir wortlos zu, hatte er doch längst erkannt, dass ich mit meinen Erfahrungen auch eine schwere innere Last herumtrage. Er nannte noch den Namen seines Mitbruders und verabschiedete sich mit einem Handschlag. Ich kannte den genannten Pater bereits vom Unterricht als strengen Lehrer und fürchtete mich deshalb etwas vor dem Treffen.

Einweihung durch einen weisen Priester

Nachdem ich eine Woche zuvor allen Mut zusammengenommen hatte, um den geheimnisvoll wirkenden Pater anzusprechen, und wir dann ein Treffen vereinbart hatten, drückte ich die kunstvoll verzierte Türklinke und öffnete die mächtige, massive Eichenholztüre. Damals – wie dann jedes Mal, wenn ich durch dieses Tor trat –, glaubte ich eine andere, von ungewohnter Stille erfüllte Welt zu betreten. Ehrfürchtig ging ich bis zu einem schönen geschmiedeten Eisengitter, wo ich die Pförtnerglocke läutete – durften doch nur Mönche und geladene Gäste die inneren Klosterräume betreten. Vom Pförtner begleitet, ging ich nun zum ersten Mal in diesen Gebäudetrakt. Der vom Alter gekrümmte Bruder klopfte kurz an eine Türe und kehrte wortlos um. Als sie sich öffnete, stand der grosse stattliche Priester im Gewand eines Benediktinermönchs vor mir. Nach der Begrüssung folgte ich ihm in den einfach möblierten und etwas düsteren Raum und setzte mich auf seine Einladung hin an einen runden Tisch, in dessen Mitte eine grosse Kerze brannte. Der Pater setzte sich ebenfalls und begann ohne Umschweife in abwägenden Worten zu sprechen.

«Also, wie du weisst, erkennt unsere Religion gewisse spirituelle Erfahrungen nicht öffentlich an. Doch wir dürfen die Berichte von Zeugen aussergewöhnlicher Erfahrungen und Ereignisse nicht einfach in den Wind schlagen. Wir tun nur so, als ob nichts daran sei und behalten die Wahrheit für uns.» Nach diesem Satz schaute er mich mit seinen dunkelbraunen, von einem inneren Feuer erfüllten Augen aufmerksam an und fuhr fort: «Dein Besuch freut mich aufrichtig, denn wie ich sehe, leuchtet ein inneres Licht durch deinen Körper. Erzähl mir nun offen, was du erlebt hast, denn es gibt nichts, was ich nicht verstehe oder unvoreingenommen zu verstehen suche. Dein Weg führt dich nicht zufällig zu mir.»

Obwohl ich durch seine offenen Worte Vertrauen gewonnen hatte, wusste ich nicht, wie und wo ich mit dem Erzählen beginnen sollte. Entsprechend begann ich, in kurzen Sätzen gehemmt und stotternd kreuz und quer durch meine Erinnerungen schweifend zu sprechen. Natürlich bemerkte der Pater meine Aufregung und unterbrach mich lachend.

«Ich kann mir gut vorstellen, wie es dir geht, konntest du doch dein Geheimnis bisher mit niemandem teilen. Mir darfst du jedoch vertrauen, aus diesem Grund bist du ja heute auch hier. Lass also deinen Geist etwas zur Ruhe kommen und erzähle erst einmal, wie die Geschichte begonnen hat.»

Ich hatte bemerkt, dass meine Worte kaum Sinn ergaben und sammelte mich erst einmal. Dann erzählte ich etwas ruhiger geworden erst über meine Begegnung mit Walters Geist und danach vom Erlebnis mit dem Geistwesen auf der Felskante. Nachdem ich ihm anschliessend noch die Geschichte vom jungen Geistmann erzählt hatte, sassen wir uns einige Minuten schweigend gegenüber. Einen Moment glaubte ich, seine dunklen Augen würden tief in mein Innerstes schauen. Wollte er prüfen, ob ich ihm die Wahrheit erzählt hatte oder bloss Opfer meiner eigenen Fantasie war? Meinerseits hatte das Gespräch die Situation mit einem Schlag verändert, denn nun fand ich meine Erlebnisse selber auch aufregend.

«Deine Geschichten sind ja interessanter, als ich erwartet hatte. Bei Gelegenheit werde ich dir von einer unerklärbaren Begebenheit erzählen, die ich selbst erlebt habe.» Dann sprach er mit seiner leicht singenden Bassstimme und ernsthaftem Gesichtsausdruck weiter. «Aber zuerst werde ich dir einige wichtige Zusammenhänge erklären, die hinsichtlich unserer weiteren Gespräche sehr wichtig sind. Versprich mir, dass du sie vertraulich behandeln wirst. Dabei zog er einen Schreibblock aus der Schublade und legte ihn zusammen mit einem Bleistift vor mich hin. «Was ich dir sagen werde, ist nicht nur für heute, sondern auch für morgen und übermorgen. Schreib alles auf, denn du wirst es in vielen Jahren wieder lesen und erst dann wirklich verstehen.»

Nachdem er mir das Versprechen abgenommen hatte, unsere Gespräche bis zu einem bestimmten Tag als kostbares Geheimnis für mich zu behalten, fuhr er weiter: «Leider muss das so sein, denn du könntest bald in Verruf geraten. Und es ist nicht auszuschliessen, dass man gar an deinem Verstand zweifelt. Das Licht der Erkenntnis hat die grosse Menge da draussen noch nicht erreicht, aber in den kommenden Jahren werden immer mehr Menschen verstehen, was beim Tod wirklich geschieht.» Nach diesen Worten lehnte sich der Pater in seinen Stuhl zurück. Ich setzte mich ebenfalls von der Kante, auf die ich vor Aufregung und Spannung gerutscht war, wieder auf die Sitzfläche zurück.

«Heute werde ich erst einmal über den körperlichen Tod und das Leben danach sprechen. Dabei wirst du viel Neues hören, ohne es gleich verstehen zu können. Doch die Jahre werden dir die nötige Reife bringen, um jedes Wort wirklich zu verstehen. Deshalb ist es wichtig, dass du auch alles so aufschreibst, wie ich es sage.» Wie gut, dass ich in den letzten Jahren den Stenografie-Unterricht in der Schule ernst genommen hatte, denn nun sollte mir die Schnellschrift ausgesprochen hilfreich sein. Halblaut sprechend begann er: «In unserer katholischen Kirche ist die Inkarnation, also die Wiedergeburt als Mensch oder anderes Wesen, für das Volk kein Thema. Im Vatikan weiss man natürlich auch davon, doch unsere Überlieferung, Erziehung, ja unser ganzes Denken widersetzt sich einem solchen Glauben. Doch sobald Tod und Leben als immerwährender Kreislauf Teil unserer Kultur ist, müssen wir das Sterben nicht länger verdrängen. Es ist nicht gut, sich nur auf das eine momentane Leben zu konzentrieren, denn Leben ist ohne Anfang und Ende und kennt keinen endgültigen Tod. Was die Leute hier als Abschluss ihres Lebens sehen, ist in Wirklichkeit mit einem Wechsel der Kleider zu vergleichen. Nur wenige unvoreingenommene Menschen bemühen sich, das Geschehen beim Sterbevorgang zu verstehen. Die meisten sprechen nicht öffentlich darüber, denn sie wissen, dass sie auf eine Mauer des Schweigens, der Angst und der Ablehnung stossen würden. Aber vielleicht wird sich einmal herausstellen, dass ein Nahtoderlebnis verbunden mit einem inneren Wiedergeburtsvorgang nicht nur eine optimale Vorbereitung auf das Sterben ist, sondern auch zu einer ausgeglichenen Psyche und echter seelischer Harmonie führt. Das abendländische Denken hat sich von den inneren Quellen der Inspiration kontinuierlich gelöst. Dabei ging das Wissen um die ungeahnte Kraft des Bewusstseins, das weit über die dreidimensionale Körperwelt hinausreicht, nach und nach verloren. In den nächsten Jahrzehnten wird sich die materialistische Ideologie noch weiter festigen. Und ich soll mein Wissen für mich behalten? Nun, ich kann nicht gegen meine Kirche kämpfen, weshalb ich nach langer Prüfung beschlossen habe, meine Aufgabe hier zu beenden und den Menschen auf andere Weise zu helfen, ihren Weg der Erkenntnis zu gehen. Doch in deinem Fall ist es meine Pflicht, dich auf den Lebensweg so vorzubereiten, dass du die Wirklichkeit tiefer ergründen kannst.»

Nach diesen Worten sass er eine Weile mit geschlossenen Augen nachdenklich und ruhig auf seinem Stuhl. Ich war froh, meine vom Schreiben verspannten Finger zu lockern und tief durchzuatmen, denn was ich soeben gehört hatte, war für mich wie eine Offenbarung. Dann öffnete er die Augen und begann wieder zu diktieren.

«Erlebnisse wie die deinen sind zwar sonderbar, aber aus anderer Sicht betrachtet nicht aussergewöhnlich. Sonderbar, weil du die Männer vor deinen Augen klar erkennen konntest. Im ‹Normalfall›, wenn man das so sagen darf, nimmt man den Geist wahr, wird von ihm in der Seele berührt und lässt sich dadurch inspirieren, etwas auszuführen, was man selbst nicht gleich zu verstehen vermag. Es ist auch möglich, dass man direkt von einem Geistwesen geführt wird. Im Lauf meiner Tätigkeit als Priester erlebte ich manche unerklärbaren Vorgänge, die nur durch übersinnliche Einwirkungen geschehen konnten. Doch mit den Jahren erkannte ich nach und nach die Zusammenhänge zwischen dem physischen Körper, der Psyche und der Seele. Die Verstorbenen haben einen direkten Zugang zu unserer diesseitigen Welt. Wir wiederum erkennen wohl das Vergängliche, sehen aber das Werdende kaum.»

Nun bot er mir einen der glänzenden Äpfel an und trank wieder etwas Wasser. Kaum hatte ich den letzten Bissen geschluckt, fuhr er mit seinen Ausführungen fort: «Glaube ja nicht, du seist unnormal oder deine Erfahrungen hätten mit bösen Mächten zu tun. Sie sind zwar aussergewöhnlich, aber weil in der spirituellen Dimension Diesseits und Jenseits sehr eng miteinander verflochten sind, ist die Gegenwart von Geistwesen ebenso normal wie die lebender Menschen. Viele Seelen haben ihren Weg in ihre Welt noch nicht gefunden und suchen Hilfe. Diese kommt meistens aus dem spirituellen Raum. Nur selten wendet sich ein erdgebundenes Geistwesen an lebende Menschen. Ich lernte bisher einige spirituell besonders begabte Menschen kennen. Sie können im Zustand der Trance bewusst mit den umherirrenden Seelen Kontakt aufnehmen und ihnen den Weg zum göttlichen Licht weisen; aber nur, wenn diese es auch selber wollen. Dabei erleben sie eine Art Materialisierung der verstorbenen Menschen oder anders ausgedrückt, sie können ihren noch stark strahlenden Astralkörper sehen. Aber möglicherweise waren es auch letzte Reste der stofflichen Hülle ihrer unsterblichen Seelenkörper.»

Langsam stand er auf und ging, als würde er jeden Schritt überdenken, in der Zelle auf und ab: «Die meisten Menschen jagen heute nach den Geheimnissen des Lebens und wollen sie in der Materie, in der Form finden. Immer mehr beteiligen sich an der Suche und immer neue Gruppierungen versuchen, den Suchenden glauben zu machen, sie allein hätten die Schlüssel dazu. Dadurch wird zwar viel wertvolle Arbeit geleistet, doch vermögen festgelegte Formulierungen und Zeremonien die spirituelle Essenz der Religion nicht auszudrücken. Die Form schweigt also letztendlich. Dem suchenden und forschenden Menschen wird sein ‹Ignoramus, ignorabimus› (wir wissen es nicht und wir werden es niemals wissen) abverlangt. Und zwar so lange, bis er das Gesetz der Spiegelung versteht, was bedeutet, die sich ständig wiederholenden Ereignisse zu erkennen und damit das Wesen des Werdens zu verstehen.»

Nun setzte sich der Pater wieder auf seinen Stuhl, öffnete eine Schublade und legte einige weitere Papierbögen vor mich hin. Offenbar hatte er bemerkt, dass ich die letzte Seite beinahe vollgeschrieben hatte. «Beim nächsten Besuch wirst du für deine Notizen ein eigenes Schreibheft mitnehmen. Vieles, was ich dir heute erzähle, wird deinen Geist in einigen Jahren beschäftigen. Jeder Geist muss reifen, jeder suchende Mensch finden, aber verstehen wird er erst am Ende seiner Reise. Deine wirst du nun antreten und sehen; sie wird wunderbar und spannend sein. Du hast die Voraussetzungen erhalten, um die spirituelle Welt zu erforschen. Dabei wirst du Menschen begegnen, die dich bilden werden, und du wirst deinerseits andere bei ihren Aufgaben unterstützen. Es gibt neben unserer sichtbaren Welt eben auch eine andere, für die meisten unter uns unsichtbare. Du beginnst, sie zu erkennen und wirst bald tiefere Einblicke erhalten. In dem, was ich dir diktiere, liegt der eigentliche Schlüssel zum tieferen Verständnis deiner Erfahrungen mit Verstorbenen. Nach dem Tod eines Menschen vollzieht sich kein plötzlicher Wandel. Der Mensch bleibt im Kern derselbe, er hat lediglich keinen Körper mehr. Er besitzt dieselbe Wesensart, dieselbe Denkweise, dieselben Tugenden, dieselben Laster. Der Verlust des Körpers macht ihn ebenso wenig zu einem anderen Menschen, wie wenn er seinen Mantel ausziehen würde. Die Umstände, die er nach seinem Tod vorfindet, hat er mit der Kraft seiner Gedanken und Wünsche selbst erschaffen. Er geht also in eine gänzlich von ihm gestaltete Welt ein, denn es gibt keine von aussen auferlegten Strafen oder Belohnungen, keinen Gott, der über uns richtet. Der Mensch erfährt nur die Folgen seiner eigenen Gedanken, Worte und Taten.»

Er warf einen kurzen Blick auf meine Notizen und forderte mich auf, die beiden letzten Sätze zu unterstreichen. Danach stand er auf, öffnete das Fenster, um frische Luft reinzulassen und wies mit dem Zeigefinger nach oben. «Die höhere Macht ist nicht nur über uns, sondern überall und in allem gleichzeitig», ermahnte er mich eindringlich. «Diese Macht ist gut und vollkommen. Sie lässt die Menschen ihren Weg selbst gehen, lässt uns selbst über unser Leben entscheiden, wie und wozu wir es auch immer führen wollen. Leider erklärt unsere Kirche dem Volk, dass jede übernatürliche Erscheinung ein Wunder sein müsse, was in einem gewissen Sinne zutrifft, aber auch das Gegenteil sein kann, nämlich ein Werk Satans. Dieser dunkle Widersacher unserer Religion wird immer wieder in den Vordergrund gebracht und den Leuten als Ungeheuer dargestellt, das mit allen Mitteln bekämpft werden muss. Auf diese Weise wird viel Angst und Schrecken verbreitet, um zu verhindern, dass die Gläubigen den Weg der Prediger verlassen, es sei denn, sie wollen vom Gehörnten geholt werden.

Denke daran und erkenne, dass diese Lehre eine falsche ist!» Seine Worte flossen nun wieder langsamer und bedächtiger. «Ich will damit nicht sagen, dass es keine dunkle Macht gibt, oh nein! Doch das, was uns einerseits bedrängt und andererseits unterstützt, hat dieselbe Ursache. Das Gute wie das Schlechte ist in uns selbst. Also in dir, in mir und in jedem anderen Menschen. Wir nehmen diese Kräfte und Einflüsse ständig an oder lehnen sie ab. Auf diese Weise rufen wir die negativen Kräfte selbst herbei, indem wir mit unseren Handlungen ihren Impulsen folgen. Dadurch ziehen wir weitere negative Geister an und lassen uns immer mehr von ihnen verführen. Doch genauso können wir mit unserem Denken und Handeln das Licht und damit Engel, Feen, Elfen und andere hilfreiche Geistwesen anziehen. In diesem Fall werden wir selbst vom Licht erfüllt und können es den anderen

Erdenwesen weitergeben. Unterstreiche den folgenden Satz wieder, denn du solltest ihn nie vergessen. ‹Die Seele ist das Leben, der Geist der Erbauer und die Materie das Resultat!›»

Nach diesen eindringlich gesprochenen Worten schloss der Pater das Fenster, holte tief Luft und blies sie zwischen den Zähnen wieder aus. «Ich muss dich darauf hinweisen», fuhr er sogleich weiter, «dass ich dir als Lehrer für spirituelles Wachstum keine bestimmten Wahrheiten eintrichtern will. Wenn ich spreche, lernst du nicht von mir, sondern indem du schaust. Das Schauen ist dein Lehrer und Ratgeber, um es so auszudrücken. Ob du schaust oder nicht, liegt allein an dir, denn niemand kann dich dazu zwingen. Wenn du es aber aus Furcht vor Bestrafung oder Verlangen nach Belohnung machst, geht das klare, offene Schauen verloren. Um wirklich zu sehen, solltest du von Furcht, Tradition oder Autorität und vor allem vom Denken mit all den klugen Worten frei sein. Es gibt ein unmittelbares Gewahrsein seiner selbst, in das keine wertende Unterscheidung eindringen kann. Sich selbst zu erkennen, ist Anfang und Ende allen Suchens.»

Nach einer längeren Pause sprach er mit ruhiger Stimme und merklich leiser weiter. «Es ist schwierig, allen Menschen, denen man auf seinem Lebensweg begegnet, gut gesinnt zu sein. Viele stellen uns vor eine Prüfung, selbst wenn es die eigenen Eltern, Geschwister oder andere Verwandte sind. Man sollte deshalb nie schlecht über sie reden und ihnen vermeintliche Ungerechtigkeiten nachtragen. Ja, selbst gegen seine Feinde sollte man keinen Groll hegen, denn wir dürfen uns nicht anmassen zu richten und überlassen es besser Gott. Liebe deinen Nächsten wie dich selbst! Gott sieht die verirrten Geister mit denselben Augen wie uns und liebt sie wie alle anderen Wesen. Dabei kann jeder Geist seinen eigenen Weg gehen. Du hast also immer nur das zu verantworten, was du tust und denkst, und nicht, was andere tun oder von dir denken.»

Während er sprach, hatte er sich wieder an den Tisch gesetzt und flüsterte leicht nach vorn gebeugt: «Du wunderst dich wohl, weshalb ich dir diese Geheimnisse erzähle. Erst vernahm ich von deinen sonderbaren Erlebnissen. Daraufhin beobachtete ich dich und erkannte, dass du bereit bist, die Lehre über die wirkliche und wahre Welt zu verstehen. Sie bietet den Menschen Schlüssel zum Heil an, die bisher nur wenige fanden, und was ebenso wichtig ist, richtig anwenden konnten. Du wirst lernen, die darin verborgenen Geheimnisse zu schauen, und dabei harte Prüfungen zu bestehen haben. Wenn wir offen annehmen, was auf uns zukommt, können wir erkennen, was es uns zeigen will. Dann wird jeder Tag dankend angenommen, auch wenn das Leben zuweilen schwer und ungerecht erscheint.»

Zurücklehnend stützte er beide Arme auf den Tisch und stand auf. «Ich denke, für heute hast du genug gehört, komm, ich begleite dich zur Pforte.» Auf dem Weg durch den langen Klostergang fiel kein Wort. Erst vor der Pforte hielt der Pater an und wandte sich zu mir. «Wir müssen uns wiedersehen, denn du hast noch viel zu lernen. In den kommenden Jahrzehnten werden zahlreiche Menschen erkennen, was sie in Wirklichkeit sind, und aussersinnliche Wahrnehmungen wie die deinen als normal betrachten. Als gereifter Mensch wirst du offen darüber sprechen und deine Erfahrungen mit anderen teilen können. Bis dahin gilt es, stets darauf zu achten, wem du was anvertraust.»

Auf dem Heimweg wurde mir erstmals richtig bewusst, dass ich im strengen Pater einen weisen Lehrer gefunden hatte, der mich in einem vollkommen neuen und doch irgendwie vertrauten Unterricht aufgenommen hatte. Obwohl ich längst nicht alles verstehen konnte, liess mich das unvoreingenommene Vertrauen, das mir dieser reife und gebildete Mann schenkte, innerlich aufblühen. Von einem intensiven Glücksgefühl erfüllt, schlenderte ich singend im strömenden Regen nach Hause.

Ein seltsamer Besucher auf der Alp

Wie seit Jahren verbrachte ich die Herbstferien mit meinem Onkel auf der Alp, wo im Oktober nur noch Ziegen das spärlich gewordene Gras und die letzten Kräuter abweideten. Wegen des kühlen Schattens des nahen Berges schien die Sonne nur noch auf einige wenige Stellen, und der glitzernde Tau auf den Blättern trocknete tagsüber kaum mehr ab. Ich liebte es, während der langen Abende in der kleinen Stube zu sitzen, Tee zu trinken und meinem Onkel zuzuhören. Sagen und andere seltsame Geschichten interessierten mich seit Kindesalter. Ich besuchte auch oft eine geräumige Höhle oberhalb der Hütte, von der man seit Menschengedenken im Tal erzählte, dass dort eine «weise Jungfrau» eingeschlossen sei und warte, bis ein beherzter Jüngling sie erlöst. Angesichts des wirklichen Handlungsorts war ich überzeugt, dass diese und alle anderen Sagen von wahren Ereignissen erzählten. Mich faszinierten besonders jene Geschichten von Geistwesen, da sie von Erlebnissen anderer Menschen berichteten, wie ich sie aus eigener Erfahrung bestens kannte.

Beim Geschirrspülen am Brunnen vor der Hütte freute ich mich bereits auf einen neuen interessanten Geschichtenabend, als unvermittelt ein kräftiger Wind heulend über die Alp fegte. Oberhalb der Hütte wuchsen in den Felsbändern einige Kiefern, die nun vom Sturm gedrückt und mit wild im Wind rudernden Ästen wie aufgeregte Fabelwesen wirkten. Jedes Mal, wenn ich ihr Flüstern, Seufzen oder Singen hörte, war mir, als würden sie und alle anderen Bäume und Sträucher zu mir sprechen. Ich genoss diese Momente, in denen der Geist mit der wilden Natur eins wird, doch jetzt galt es, rasch die Ställe vor dem Sturm zu sichern. Kaum hatte ich die letzte Tür mit einem Balken verriegelt, sah ich einige Meter unter dem Stall eine dunkle Gestalt. Mein Onkel konnte es nicht sein, denn die Gestalt war klein und ging stark nach vorne geneigt. Auf kurzen Beinen unsicher schwankend und wie mit den Armen in der Luft nach Halt suchend, torkelte das seltsame Wesen erst einige Schritte herum und löste sich dann Richtung Hütte gehend in der Dunkelheit auf. Wer war das? Neugierig eilte ich ihm nach und sah es bald im fahl durchs Fenster scheinenden Licht der Petroleumlampe vor der Hütte stehen. Was wollte diese fremde Person mit ihren wirren Haaren und der armseligen Kleidung dort? Dann fiel mir auf, dass sich trotz der stürmischen Böen weder ihre Haare noch der lose hängende Mantel bewegten. Nun war mir klar, dass ich es erneut mit einem Geistwesen zu tun hatte. Obwohl ich irgendwie spürte, dass es meine Hilfe brauchte, sträubte sich in mir etwas dagegen. Zu meiner Erleichterung kam unmittelbar darauf mein Onkel aus der Hütte, schaute sich um und rief, ob jemand da sei. Froh, seine Stimme zu hören, eilte ich in den Lichtkreis seiner Lampe. «Komisch, eben dachte ich, jemand sei bei der Tür gestanden», murmelte er, ging kopfschüttelnd in die Hütte zurück und mahnte mich, bald zu folgen. Bevor ich die Tür erreichte, schob sich die Gestalt wieder in mein Blickfeld und blieb kaum einen Meter vor mir stehen. Weil ich nun wusste, dass Geistwesen nicht gefährlich sind, gelang es mir, ruhig zu bleiben. Neugierig fragte ich mich, ob auch dieser Geist eine ungelöste Geschichte mit sich trägt. Tatsächlich vernahm ich Sekunden später seine Gedanken: «Mein Körper liegt von einer Lawine verschüttet im grossen Bachgraben oben. Ich kann erst in die Anderswelt eingehen, wenn meine sterblichen Reste gefunden und bestattet sind. Vorher können meine Angehörigen mich nicht ganz loslassen, und deshalb kehre ich heute noch einmal in diese Welt zurück. Ich weiss, dass du mich verstehst und mir helfen kannst.»

«Was stehst du noch immer draussen im Wind?», schrie mir plötzlich mein Onkel zu. Ich antwortete ihm, dass ich nur noch ein wenig das Schauspiel der Sturmwolken geniessen wolle und wandte mich wieder dem seltsamen Wesen zu, das sogleich weitersprach. «Du staunst wohl wegen meiner seltsamen Gestalt. Ich war schon weit weg und hatte nicht mehr die Kraft, um noch einmal zurückzukommen. Deshalb benutze ich den Körper eines eben verstorbenen Alkoholikers. Höher entwickelte Geistwesen können einen Lichtkörper erzeugen und den Menschen auf diese Weise erscheinen. Mir ist diese Möglichkeit verwehrt, weshalb ich keine andere Wahl hatte. Glaube mir, viele unter uns würden noch so gern Kontakt mit verkörperten Menschen aufnehmen und sie daran erinnern, dass sie nach dem Tod unter den Folgen ihrer schlechten Taten leiden werden. Die meisten von uns dürfen und können nicht zurück. Mir gelang es bloss durch die Hilfe eines Helfers aus der Anderswelt kurz zu erscheinen, aber jetzt muss ich wirklich zurück.» Kaum hatte das Geistwesen seine Mitteilung beendet, schlug eine heftige Sturmböe gegen mich. Nachdem ich von ihrer Wucht überrascht für einen Sekundenbruchteil die Augen geschlossen hatte, war die seltsame Gestalt verschwunden.

Drinnen war der Onkel dabei, Tee zu brauen, was mir Gelegenheit gab, das Gedeck ins Stubli zu tragen und seinem fragenden Blick auszuweichen. Als er mich am Tisch mit ungewohnt ernsthaftem Gesichtsausdruck schweigend anschaute, fragte ich, ob etwas nicht stimme. «Das kann man wohl sagen. Als du vorhin durch die Tür hereingekommen bist, hast du ausgesehen, als würde der Tod aus deinen Augen schauen.» Verlegen starrte ich in meine Tasse und rang nach Worten. Wie sollte ich ihm erklären, was ich soeben erlebte? Zu meiner Erleichterung erlöste mich mein feinfühliger Onkel aus der schwierigen Lage. «Vorhin spürte ich eine Person in der Nähe und sah so etwas wie einen Schatten. Willst du nicht endlich sagen, was eigentlich los ist?» Ich murmelte, beim Stall eine Person gesehen zu haben, die danach Richtung Hütte verschwunden war. Nach einer kurzen Denkpause fuhr ich fort, dass ich auch glaubte, jemanden in der Nähe zu spüren, als er in die Nacht hinausrief. Das war zwar nicht die ganze Wahrheit, aber mehr, als ich eigentlich sagen wollte. Erst schaute mich mein Onkel prüfend an und murmelte dann: «Ich denke, du verheimlichst mir etwas. So kreidebleich und zitternd wie du vorhin hereingekommen bist, ist dort draussen mehr geschehen als das. Eigentlich solltest du wissen, dass du mir alles sagen kannst, was dich beschäftigt. Lass aber mich zuerst etwas erzählen.»

Nach einer kurzen Pause rückte mein Onkel den Stuhl zurück, schlug die Beine übereinander und begann mit klarer, kräftiger Stimme: «Bis zum heutigen Tag sprach ich nie über meine eigenen Erlebnisse mit Geistern. Schliesslich weiss ich ja, dass alles, was nicht belegt werden kann, als Unsinn abgetan wird. Während der Alpsommer, die ich seit vielen Jahrzehnten allein hier oben verbrachte, erhielt ich auf der Weide oder oben am Berg ab und zu Besuch von Naturwesen. Obwohl niemand zu sehen war, spürte ich untrüglich, dass ich nicht alleine war. Ich konnte sogar mit ihnen Kontakt aufnehmen, indem ich jedes Mal, wenn eines in der Nähe war, einfach mit ihm sprach, als ob es ein Mensch wäre. Und stell dir vor, sie führten mit mir Gespräche, indem sie Gedanken übermittelten! Mir schien es selber verrückt, dass ich wirklich mit Geistwesen sprechen konnte. Seither habe ich von ihnen so manches erfahren, denn sie wissen über gewisse Vorgänge in der Natur weit mehr als wir. Wie du siehst, gibt es diesbezüglich also keine Geheimnisse zwischen uns», schloss er mit einem verschmitzten Lächeln.

Ich war derart überrascht, dass mir die Worte fehlten und betrachtete bloss verlegen die Tischplatte. Auch mein Onkel, der sich seine Abendzigarette angezündet hatte, stand erst eine Weile stumm am Fenster und schaute in die Nacht hinaus.

«Nun, ich hörte dich da draussen sprechen», fuhr er fort und setzte sich wieder an den Tisch. «Jetzt kannst du mir von deinen Erlebnissen erzählen, denn wie ich annehme, hast du Ähnliches erlebt. Als du damals so überzeugt warst, dass der Tote auf dem Felsband liegt, war das wohl kaum Zufall, weshalb ich davon ausging, dass du die Information von einem Geistwesen erhalten hattest.»

Ähnlich wie beim Gespräch mit dem Pater wurde mir während der offenherzigen Worte das Gemüt leicht und heiter, obwohl mein Onkel offenbar in derselben schwierigen Situation war wie ich. Über all die Jahre musste er sein Wissen und seine aussersinnlichen Erfahrungen für sich behalten, war doch unter den vielen Leuten, mit denen er zeitlebens zu tun hatte, wohl niemand, der ihn verstanden hätte. Aber da wir beide im andern nun einen eingeweihten Verbündeten gefunden hatten, war es an mir, sein Vertrauen zu erwidern.

«Vorhin habe ich tatsächlich unmittelbar neben dir ein Geistwesen gesehen», begann ich stockend. «Als du wieder in der Hütte warst, sprach es lautlos mit mir. Ich antwortete, ohne mir dabei etwas zu überlegen in unserer Sprache, wie du ja gehört hast.» Während ich die Worte des Geistwesens wiederholte, hörte mein Onkel aufmerksam und ruhig zu. Dann blies er nachdenklich den Rauch gegen die Decke und flüsterte. «Du bist offenbar sehr hellsichtig, denn so etwas habe ich bisher nie gehört. Jetzt verstehe ich, weshalb du derart aufgewühlt warst. Manche sehen und hören halt Dinge, die den meisten Menschen völlig unbekannt sind. Es gibt aber keinen Grund, sich vor Geistwesen zu fürchten, denn sie sind offenbar auf deine Hilfe angewiesen und werden dir deshalb nicht schaden wollen. Angst ist das Gegenteil von Vertrauen und wohl einer der schlechtesten Begleiter auf unserem Lebensweg. Nun aber ab in die Schlafkammer, denn wir müssen morgen früh raus. Sobald der Wind einbricht, wird oben im Bachgraben Schnee fallen und die Leiche bis zum nächsten Sommer zudecken.»

Nachdem wir am Morgen die Tiere versorgt hatten, stiegen wir durch die zunehmend wilder werdende Berglandschaft hinauf. Als wir endlich auf dem Grat standen und die steile und zerklüftete Schlucht unter uns sahen, wurde mir in Erwartung einer weiteren Leiche übel. An die flehenden Worte des Geistwesens denkend, gelang es mir, die Abneigung zu überwinden und dem Onkel in den kalten und abweisenden Schlund zu folgen. Unten begannen wir sogleich, das von grauem Staub bedeckte Schneefeld abzusuchen. Als wäre ich geführt worden, fand ich nach wenigen Minuten die sterblichen Überreste eines Menschen. Nach der ersten Betroffenheit wurde mir bewusst, dass das nun wieder unsichtbare Geistwesen neben mir stand. Nachdem ich ihm versprochen hatte, seine Leiche zusammen mit meinem Onkel ins Tal zu bringen, zeichnete ich ein Kreuz in die Luft und sagte leise: «Geh nun deinen Weg ins Licht, wo du erwartet wirst.» Kurz darauf glaubte ich, ein leises «Danke» zu vernehmen.

Auf mein Rufen stand mein Onkel bald neben mir und legte mir seine Hand fürsorglich auf die Schulter. Nach einer Schweigeminute banden wir die Leiche auf die Trage und machten uns an den beschwerlichen Abstieg. Weil es bei unserer Ankunft auf der

Alp bereits Abend war, bahrten wir die Leiche über Nacht in der Hütte auf und trugen sie am nächsten Morgen ins Tal hinunter.

Der Unterricht geht weiter

Der Winter hatte sich nun mit dem ersten Schnee angekündigt, der sich wie eine Decke über die Landschaft legte. Nachdem die Schulglocke zum Unterrichtsende geläutet hatte, forderte mich der Pater mit einer Handbewegung auf, zu ihm zu kommen. Während er am Lehrerpult ruhig seine Unterlagen ordnete, stand ich gespannt auf das, was wohl kommen würde, neben ihm. Als er damit fertig war, schaute er mich mit seinem freundlichen Lächeln an, das zu erwidern mir offensichtlich misslang. «Wie schaust du denn drein? So ernst ist unser Leben auch wieder nicht.» Dann erklärte er, dass wir unsere Gespräche in den kommenden Monaten weiterführen sollten.

Wie vereinbart besuchte ich ihn einige Tage später in seiner Zelle, wo er mich sogleich mit der Frage überraschte, ob ich wieder etwas Spirituelles erlebt hätte. Ich wollte etwas Zeit gewinnen und meine Gedanken ordnen, weshalb ich meinerseits fragte, ob ich nun immer wieder verstorbene Menschen sehen würde.

«Das kann sein, muss aber nicht. Während deiner Jugend wird es wohl noch so bleiben. Später wird deine Hellsichtigkeit abnehmen, es sei denn, du hilfst deinem Geist mit gezielten Übungen und viel Willenskraft, diese Veranlagung zu erhalten. Sie ist ein Geschenk, wie etwa das Talent zum Malen, Komponieren oder Dichten. Eigentlich sind alle Begabungen, auch die der Hellsichtigkeit, in uns Menschen angelegt, aber die meisten lassen sie leider verkümmern. Nun zurück zu deiner Frage, die du wohl nicht zufällig gestellt hast. Nehme ich zu Recht an, dass du wieder eine aussersinnliche Erfahrung hattest?»

Ich rückte verlegen meinen Stuhl zurecht und erzählte ihm ausführlich, was auf der Alp geschehen war. Der Pater hatte mir aufmerksam und ohne zu unterbrechen, zugehört und schien nun nachzudenken. «Interessant», unterbrach er die Stille und schaute mir eindringlich in die Augen. «Geistwesen leben auf verschiedenen Stufen oder Ebenen. Der Geist eines Verstorbenen hat grundsätzlich wie der eines lebenden Menschen eine überbewusste und eine unterbewusste Seite. Geistwesen denken wie wir und verfügen über dieselben Kräfte. Nun gibt es Geistwesen, die vor oder nach ihrem durch Krankheit oder Unfall erlittenen Tod von ihrer überbewussten Seite getrennt wurden. Sie verfügen über eine erstaunliche Erinnerung, sind aber nicht zu logischen Folgerungen fähig, weshalb sie sich wie kleine Kinder verhalten. Oft verursachen sie auf die eine oder andere Weise Lärm und scheinen an ihrem Treiben als Poltergeister sogar Gefallen zu finden. Andere nehmen gerne an Sitzungen mit Medien teil, rücken Gegenstände herum und imitieren nicht selten verstorbene Angehörige. Im Gegensatz zu ihnen hat die abgetrennte überwusste Seite ihre Erinnerung verloren und geht orientierungslos um. Solche Geister geben uns manchmal zu erkennen, dass sie anwesend sind, und werden von hellsichtigen Menschen mehr oder weniger klar erkannt. Jene, welche dir begegneten, waren solche «verlorenen Seelen». Die überbewusste Seite sehnt sich nach ihrer unterbewussten Seite und damit nach deren Erinnerung an all das, was ihr als überbewusster Teil im vergangenen Leben entgangen war. Bei deiner letzten Begegnung auf der Alp warst du Zeuge, wie das Geistwesen die übrig gebliebene Vitalkraft des Alkoholikers und auch einen Teil der deinigen brauchte, um mit dir Kontakt aufzunehmen.» Als hätten ihn seine Worte angestrengt, lehnte sich mein Lehrer zurück, trank etwas Wasser und begann dann – wie angekündigt – von einer eigenen Erfahrung zu erzählen:

An einem späten Nachmittag im Januar hatte ihn ein Mitbruder informiert, soeben habe eine Frau angerufen und, ohne ihren Namen zu nennen, mitgeteilt, dass jemand am Sterben sei und nach einem Priester verlange. Sie hatte noch kurz die Adresse des Sterbenden angegeben und das Gespräch ohne weitere Worte beendet. Damals war er Gemeindepriester, weshalb er die notwendigen Gegenstände einpackte und durch knietiefen Schnee zu seinem Ziel stapfte. Kurz vor dem Haus wunderte er sich, dass keine Spuren zu sehen waren. Da es damals so wie die meisten der anderen Häuser im Tal nicht an das Telefonnetz angeschlossen war, hätte jemand zu Fuss die Anruferin benachrichtigen und dabei Spuren hinterlassen müssen.

Kaum hatte sich der Pater den Schnee von den Hosen gewischt und an die Tür geklopft, als eine ältere Frau öffnete und erst verwirrt fragte, woher er denn komme, um gleich erleichtert zu rufen, dass ihn der Himmel schicke. Auf die Frage, wer im Kloster angerufen habe, antwortete sie: «Ich bin mit meinem sterbenden Mann allein im Haus und dazu der hohe Schnee. Ach Gott, wie könnte ich mit meinen alten schwachen Beinen das Haus verlassen?» Daraufhin humpelte die Bäuerin vor ihm in eine Kammer, wo ihr Mann auf dem Sofa lag. Der Pater kannte ihn seit Jahren und hatte nach der Kirche manchmal einige Worte mit ihm gewechselt. Aufgrund seiner Erfahrung wusste mein Lehrer sofort, dass der Alte bald sterben würde, und salbte ihn nach einem Gebet ein. Dann hielt er die eine Hand und die Ehefrau die andere, bis er nach wenigen Minuten ruhig einschlief und starb.

Während die beiden den Leichnam wuschen und einkleideten, fragte der Pater, wer seinen Mitbruder angerufen haben könnte. Die Bäuerin war ratlos, hatte sie doch wegen des starken Schneefalls seit Tagen keinen Kontakt mit anderen Menschen gehabt. Da ihr Mann zwar seit Längerem krank gewesen war, aber bis zu besagtem Nachmittag keine aussergewöhnlichen Beschwerden gehabt hatte, konnte auch niemand aus dem Kreis der Verwandten oder Bekannten von seinem nahen Tod gewusst haben.

Als der Pater seinen Bruder am nächsten Morgen wegen des Anrufs ansprach, konnte dieser das Rätsel auch nicht lösen. «Doch was solls», sagte er fröhlich. «Seit ich in unser Kloster eintrat, habe ich oft unerklärbare Dinge erlebt. Wie mir scheint, hat die Frau gebetet und wurde von einem Engel erhört. Warum, mein lieber Bruder, sollen die uns ja weit überlegenen Engel nicht telefonieren können?» Nach diesem Erlebnis erkannte mein Lehrer nach und nach, dass einigen seiner Mitbrüder das Wirken geistiger

Wesen in den alltäglichen Dingen des Lebens selbstverständlich war.

«Wie du also siehst, hatte ich Erlebnisse, die mir bis heute rätselhaft erscheinen, deren tieferen Sinn ich als Priester jedoch erkennen und deuten kann. Wir sind weit mehr als das, was wir über uns wissen. Wir können viel mehr, als wir uns zugestehen. Die meisten Menschen erkennen nicht einmal, dass das Leben ein Wunder ist. Könnten sie jedoch die göttliche Kraft ihres Denkens erkennen, würde sich ihr Leben grundlegend verändern.»

Mit diesen Worten war er aufgestanden und schaute eine Weile schweigend zum Fenster hinaus. Dann drehte er sich um und fuhr fort: «Die Menschen glauben, Glück und Freude hier in dieser materiellen Welt finden zu können. Doch sie täuschen sich, denn Freude entspringt der Achtung, die wir der Welt entgegenbringen. Und weil es schlicht nicht möglich ist, sich über längere Zeit an vergänglichen Dingen zu freuen, sind weltliche Freuden zwangsläufig von kurzer Dauer. Jeder Mensch kann den Verlauf seines Lebens selbst bestimmen. Wenn wir uns jedoch über schwierige Situationen oder unangenehme Lebensbedingungen beklagen, handeln wir nicht mehr eigenständig, sondern reagieren wie ein Echo auf das, was von aussen kommt. Erschaffe deshalb deine Entwicklung zuerst in dir! Und merk dir die beiden letzten Sätze besonders gut! Doch für heute wollen wir Schluss machen.» Für den Mönch war es an der Zeit, am gemeinschaftlichen Klosterleben teilzunehmen, und ich musste mich beeilen, um vor dem Nachtessen zuhause zu sein.

Letzte Unterweisungen

Beim nächsten Treffen sprach mein Lehrer ausführlich über die verschiedenen Grundgesetze des Lebens, die sich alle auf die eine oder andere Weise in den spirituellen Lehren der Menschheit spiegeln. Seine Ausführungen würden den thematischen Rahmen dieses Buches sprengen, aber der Schluss der Lektion sei hier kurz zusammengefasst: Die Erde sei nur ein Stäubchen im Universum, und es gebe ausser ihr Millionen und Abermillionen von Welten, die einen grösser und schöner, die anderen kleiner und unansehnlicher als unsere. Über Abermillionen von Galaxien verstreut sind sie alle Teil des einen unendlichen Geistes. Ja selbst in unserem Sonnensystem gebe es Welten mit Bewohnern, neben denen wir erdgebundenen und den Kräften des Lebens völlig ausgelieferten Menschen wie Würmer erscheinen. «Doch dies soll dich nicht entmutigen. Wir sind in der göttlichen Kraft geborgen, die dich wie jeden Suchenden unterstützt. Die höheren Geschöpfe waren einst wie wir; so wie wir einst so werden wie sie. Denn dies ist nach den Zeugnissen der Erleuchteten aller Zeiten unsere wirkliche Bestimmung. Vergiss nie, dass wir selbst eine göttliche, schöpferische Kraft sind.»

In den nächsten Wochen sah ich meinen Lehrer zwar in der Schule, erhielt aber keine Aufforderung für ein weiteres Treffen. Als uns Schülern mitgeteilt wurde, dass er erkrankt sei und deshalb ein anderer Mönch seine Lektionen übernehme, wurde ich bis in Innerste erschüttert. «Wir müssen die verbleibende Zeit nutzen.» Nun verstand ich den wirklichen Sinn seiner Worte. Obwohl er weit über siebzig war, schreckte ich vor dem Gedanken an seinen Tod zurück und verdrängte ihn gleich wieder. Als er mir am nächsten Tag eine Einladung zukommen liess, wurde mir wieder wohler.

Als ich in seine Zelle trat, legte er einen handgeschriebenen Zettel auf den Tisch: «Wir leben in der Zeit, wir leben mit der Zeit, also nutzen wir sie für uns, um zeitlos zu werden.» Kaum hatte ich ihn gelesen und mich gesetzt, begann schon der Unterricht. «Du kannst sehr lange noch nicht alles verstehen, was ich in Worte zu fassen versuche, es sei denn, du meditierst in den kommenden Jahren darüber und arbeitest daran. Auf deinem Reifeweg werden sich immer wieder Fenster öffnen, durch welche die geistige Sonne deinen Geist mit ihrem klärenden Licht erhellt. Dann wirst du, wo eben noch Schatten lag, in eine neue und sich unablässig entfaltende Welt schauen.

Unser Geist strebt stets nach Befreiung. So wird etwa während des Schlafs die Verbindung zum Körper gelockert, aber er stirbt erst dann, wenn sie ganz abbricht. Diesen Augenblick nehmen die wenigsten Menschen mit wachem Bewusstsein wahr. Es scheint so, dass wir die Welt so verlassen, wie wir in sie geboren wurden: Wir merken nicht, dass wir vom einen ins andere übergehen. Nach einem natürlichen Tod geht die Seele wie von selbst ins Jenseits über. Anders bei einem gewaltsamen Tod, der im Unbewussten des Sterbenden einen nachhaltigen Eindruck hinterlässt. Bei der Leiche des waghalsigen Kletterers hast du selbst erlebt, wie sein verwirrter Geist noch an seinem Körper hing. Aber wie du nun ja weisst, müssen wir den körperlichen Tod nicht fürchten. Wir lassen uns jedoch derart von äusseren Einflüssen leiten und ablenken, dass das Sterben und damit eines der wichtigsten Ereignisse des Lebens verdrängt und weitgehend verschwiegen wird. Wer sich vor dem Tod fürchtet, weiss nicht, was ihn wirklich erwartet. Würden alle Christen den Worten Jesu und der anderen Propheten wirklich glauben, müsste ihn keiner fürchten. Wenn ein Mensch stirbt, trauern seine Hinterbliebenen, als würde er nicht mehr existieren. Sie wissen nicht, dass er dem wahren Leben weit näher ist als wir Menschen.»

Seine warme Bassstimme wirkte seltsam kraftlos und auch seine äussere Erscheinung liess erahnen, wie sehr er unter der Krankheit litt. «Soll ich wieder gehen? Ich sehe ja, wie schwach Sie sind.» Ich war derart betroffen, dass meine Worte zu einem heiseren Flüstern wurden. Er wischte jedoch meine Besorgnis mit einer schwachen Handbewegung weg. «Ich habe noch einige Aufgaben zu erfüllen, also hör zu und schreib weiter. Die meisten Menschen leiden, weil sie ihre unglückliche Vergangenheit nicht ungeschehen machen können, und versäumen damit, ihre unglückliche Zukunft ungeschehen zu machen, auf die sie dann gerade mit grossem Eifer hinarbeiten.» Nach diesem Satz lachte er verschmitzt und prüfte, ob ich die Bedeutung verstanden hatte. «Als unsterbliche Geistwesen suchen wir seit Jahrtausenden nach unserem Ursprung. Jedes lebt auf der Stufe, die es auf seiner Suche erreicht hat, und verhält sich entsprechend, solange es dort weilt. Du gehörst zu jenen, die sich leichter lösen und weiter gehen können, also gebrauche die Kraft, die du erhalten hast.» Der Pater hatte die letzten zwei Sätze mit einer derartigen Ernsthaftigkeit diktiert, dass die Worte wie eine heisse Flüssigkeit durch meinen Körper gingen und mich am Schreiben hinderten. Lächelnd forderte er mich auf weiterzuschreiben und wiederholte die beiden Sätze langsam und klar.

«Wenn ein normaler Mensch stirbt», fuhr er nach einer ausgedehnten Pause flüsternd wieder fort, «erlebt er möglicherweise erst einmal ein starkes Gefühl der Grenzenlosigkeit, verbunden mit einer bisher unbekannten Freiheit. Obwohl er keinen menschlichen Körper mehr hat, bleibt er mehr oder weniger derselbe. Er denkt in den gewohnten Mustern und nimmt die Umgebung oft noch so wahr, wie vor dem Tod. Da viele Verstorbene noch mehr oder weniger lange auf der Erde verweilen, ist es möglich, mit ihnen telepathisch zu kommunizieren. Sei es, dass sie den Kontakt suchen oder sich gewisse Menschen an sie wenden. Dies gelingt selbstverständlich nur, wenn die andere Seite bereit ist, die Verbindung anzunehmen. Während sich offene und sensitive Menschen, die Botschaften von Geistwesen empfangen, dessen oft nicht bewusst sind, können medial begabte Menschen aktiv mit ihnen in Kontakt treten. Sie versetzen sich dazu in einen Trancezustand, wodurch die Aufmerksamkeit vom Äusseren auf das Innere gelenkt wird. Dabei öffnet sich ihr Geist über die Grenzen der materiellen Welt hinaus, was den Verstorbenen die Möglichkeit gibt, mit ihnen Verbindung aufzunehmen. Wenn dies gelingt, kommt es zu einem Gedankenaustausch. Wie gut die Verbindung, respektive wie vollständig die Übermittlungen den Empfänger erreichen, hängt vor allem von der Begabung des Mediums ab. Diese ist oft beschränkt, weshalb viele Medien ihrem Publikum etwas vorgaukeln, was sie in den Verdacht stellt, bloss Unfug zu treiben.»

Mir kam seine Denkpause sehr gelegen, kannte ich doch damals viele Worte noch nicht und schrieb sie so gut wie möglich nieder. Manchmal konnte ich in ganzen Sätzen keinen Sinn erkennen. Als ich seine Ausführungen Jahre später wieder las, halfen sie mir auf meinem Lebensweg ebenso weiter wie seinerzeit seine persönlichen Worte.

Nach der Pause hatte sich der Pater vom Stuhl erhoben und fuhr langsam in der Zelle auf und ab wandelnd fort. «Nebst dem, was ich dir über das mystische und spirituelle Erbe der Menschheit gesagt habe, solltest du nie vergessen, dass unsere Religion einen solchen Weg in gewissem Masse zulässt, weil er ohne Weiteres in den katholischen Glauben eingebunden werden kann. Die Seelenverbindung mit Gott ist eigentlich eine rein geistige Angelegenheit. Spiritualität kommt von *spiritus*, was «Geist» bedeutet. Gott ist nicht unendlich weit über uns, sondern überall und in allem. Du findest Gott sowohl in jedem Wesen der Natur wie in jedem Mitmenschen und deshalb in dir selbst. Viele der von uns verehrten Heiligen und Erleuchteten lebten ihre innere Verbindung zum Göttlichen und erlangten dadurch die Kraft, die für viele wie Zauberei wirkte. Sie waren jedoch keine Übermenschen, sondern Menschen, die sich selbst erkannten und in ihrer tiefen Einkehr Dinge zu schauen vermochten, von denen kaum jemand auch nur ahnt. Ich bin der Meinung, dass es nicht wirklich hilfreich ist, wenn wir die Erleuchteten bloss anrufen. Wir müssen vielmehr durch den eigenen Glauben unser Verhalten ändern, um dann mit ihrer Hilfe den eigenen Weg gehen zu können. Die wahre Kraft, das Licht und die Wahrheit finden wir nicht über oder unter uns, sondern in uns selbst. Es ist somit jedem Menschen freigestellt, wann immer er will, diesen Weg zur wahren Freude so weit zu gehen, wie er wünscht.»

Die Zeit war bereits weit vorgerückt, sodass mein Lehrer mir zu verstehen gab, dass er seinen Pflichten nachgehen musste. Bevor er die Hand zum Abschied reichte, schaute er mir mit ernstem Blick in die Augen und sprach mit einer väterlichen Wärme in der Stimme: «Du wirst diese Notizen noch oft brauchen. Es ist nur natürlich, dass meine Ausführungen dich gegenwärtig überfordern. Auch morgen wirst du sie nicht verstehen. Aber übermorgen wird dir vieles klar werden und dir den Zugang zur unsichtbaren Welt öffnen. Dann wirst du das, worüber ich mit dir sprach, selbst erfahren.» ‹Wann ist wohl übermorgen?›, dachte ich auf dem Weg durch den Klostergang zurück.

Eine Woche später hörten wir, dass der Pater so schwer krank sei, dass er ins Spital verlegt werden musste. Was ich geahnt hatte, wurde zu einer schmerzlichen Gewissheit; er war bereit, die Erde zu verlassen. Als ich am Krankenbett stand, flüsterte er unter grosser Anstrengung Worte, die sich in meiner Erinnerung tief eingeprägt haben: «Sam, du wirst manchmal zweifeln, ob du die Hürden auf deinem Lebensweg überwinden kannst, und ihn doch mit Leichtigkeit gehen.» Warum nannte er mich ‹Sam›? Stand es um ihn bereits so schlecht, dass er nicht mehr wusste, wer ich war? «Ja, Sam, du hast richtig verstanden», fuhr er fort. «Mit diesem Namen wird man dich rufen. Du trägst ihn seit langer Zeit, behalte ihn deshalb genauso in Ehren wie deinen Taufnamen.» Er schwieg wieder eine Weile und ergriff dann meine Hand. «Selbst in deinen schweren Prüfungen wird dich dein starker Wille auf deinem Weg tragen und leiten. Bleibe deinem Wesen treu, lerne jeden Tag Neues dazu und erkenne die vielen kleinen Freuden, die das Leben dir täglich schenkt. Lebe weder in der Vergangenheit noch in der Gegenwart oder der Zukunft, sondern im Bewusstsein des Ewigen. Und vergiss nicht, dass nicht ich dein Lehrer bin, sondern dein eigenes Leben.

Dein Leben ist die Verkörperung deiner Seele, die wiederum eine Manifestation des Höchsten ist. Ich muss und will von hier gehen, aber wenn du mich wirklich brauchst und rufst, kannst du auf meine Hilfe vertrauen. So wie ich dich kenne, wirst du deinen Weg selbst finden und daher meine Hilfe selten brauchen. Du weisst ja inzwischen bestens, dass wir weiterleben.» Passender hätten seine letzten Worte zu mir nicht sein können. Nach einem innigen Gebet nahm ich schweren Herzens Abschied. Der weise Pater und Lehrer verliess bald nach meinem letzten Besuch seinen Körper. Mir hat er den Rucksack mit Weisheit vollgepackt und einen neuen Namen gegeben, der mich seither mit ihm verbindet.

Die Geister kommen zurück

Seit dem Tod des Paters waren viele Jahre verflossen. Ich hatte schon einige Jahre als Forstwart gearbeitet und stand mitten in meiner weiterführenden Ausbildung zum diplomierten Förster. Seit meiner Schulzeit hatte ich keine weiteren persönlichen Erlebnisse mit Geistwesen gehabt, weshalb ich kaum noch daran dachte. Wenn ich Zeit dafür fand, las ich Bücher zu den Themen, auf die mich der Pater aufmerksam gemacht hatte. Längst hatte ich mein Heimatdorf verlassen und neue Freunde gefunden, doch immer, wenn ich auf mein Interesse an der geistigen Welt zu sprechen kam, stiess ich auch hier auf spürbare Ablehnung. Bloss bei zufälligen Gesprächen mit zwei älteren Frauen meines Heimatdorfs erkannte ich, dass noch andere Menschen Dinge wissen, über die sie mit den meisten nicht sprechen können. Dann erinnerte ich mich an die Worte meines Lehrers: «Auch wenn es noch lange dauert, wird der Tag kommen, an dem man dich verstehen wird.»

Im Sommer 1972 war ich nach der letzten Stunde in der Fachhochschule im Auto eines Mitschülers auf dem Weg ins freie Wochenende. Nach zwei Stunden trennten sich unsere Wege. Meiner führte erst zu Fuss über die hohe Seebrücke und dann zur Bahnstation. Am Anfang der Wendeltreppe zur Brücke hoch schaute ich kurz hinauf und sah, dass auf der Brücke ein Mann stand und mich zu beobachten schien. Nun geniessen dort oben viele Menschen die schöne Aussicht, aber irgendetwas erschien mir ungewöhnlich. Nach einigen Stufen schaute ich wieder hoch und erkannte, was mich irritierte. Der Mann stand nicht hinter, sondern vor dem Brückengeländer. Bevor ich einen Gedanken fassen konnte, stürzte er wie ein Schatten an mir vorbei und schlug am Boden auf. Hastig rannte ich die Stufen hinunter und musste sogleich feststellen, dass der Mann tot war. Unschlüssig drehte ich mich zur Brücke um und erschrak schon wieder: Ich sah den dunklen Umriss einer jugendlich wirkenden Gestalt, die zwar dem Toten glich, aber das Geistwesen, als das ich sie sofort erkannt hatte, war deutlich jünger. Nach vielen Jahren war ich gänzlich unerwartet erneut Zeuge eines Todessturzes geworden und war erst einmal verwirrt. Um mich zu sammeln, schaute ich zur Brücke hoch, wo nun ein Junge am Geländer stand und neugierig hinunterschaute. «Geh, hol die Polizei», rief ich so laut ich konnte. Er radelte sogleich Richtung Dorf los, während ich mich wieder zum Geistwesen wandte.

‹Was du eben gemacht hast, war gar nicht gut›, ging mir durch den Kopf, als ich den in südländischer Tracht gekleideten, jüngeren Mann wieder vor mir sah. Nach seiner Reaktion zu schliessen, hatte er mich verstanden, konnte aber offenbar nicht fassen, was mit ihm geschehen war. Sicher hatte er geglaubt, mit dem Sturz in die Tiefe seien seine Probleme ein für alle Mal gelöst, und musste nun schockiert feststellen, dass er noch lebte. Wie alle, die ihr Leben selbst beenden wollten, liess ihn diese Erkenntnis erst einmal in eine tiefe Verunsicherung fallen.

«Warum kann ich dich verstehen? Warum bin ich hier?» Obwohl seine Worte fremdländisch klangen, konnte ich sie deutlich verstehen. Wie bei meiner letzten Begegnung mit dem Geistwesen auf der Alp flossen unsere Gedanken hin und her, als hätte sich zwischen uns eine Verbindung geöffnet.

«Du bist nicht tot, aber du hast deinen Körper leichtsinnig zerstört. Offenbar hast du dich derart haltlos deiner Verzweiflung hingegeben, dass dir das Leben nur noch dunkel und trüb erschien. Ist es so?» Trotz der ungewöhnlichen Situation war mir bewusst, dass mein Zug bald abfahren und mein Vater vergeblich am Bahnhof warten würde. Wohl deshalb warf ich ihm vor, mich in seine Selbstmordgeschichte hineingezogen zu haben. Als das Geistwesen wie geschlagen zurückwich, schämte ich mich über meine rücksichtslosen Gedanken und fragte ruhig, weshalb es sein Leben beenden wollte. Erst schaute es mich mit schwarzen, glanzlosen Augen stumm und traurig an und antwortete schliesslich: «Du sprichst meine Situation genau an. Nie habe ich mir Gedanken über den Tod und das Danach gemacht, nie gefragt, wer ich bin und was der Sinn meines Daseins ist. Ich wusste ja nicht, dass wir weiterleben und wollte alles beenden. Weit weg von meinem Dorf in Spanien war mein Leben hier bereits sehr einsam. Als kürzlich meine Freundin mit einem Brief unsere Beziehung beendet hat, fühlte ich mich von der ganzen Welt verlassen. Aber jetzt verstehe ich überhaupt nichts mehr.» Nach diesen Worten liess er tief traurig den Kopf auf die Brust sinken.

Er hatte in seiner Verzweiflung einen schlechten Weg gewählt und musste ihn nun auch gehen. Mit einfachen Worten versuchte ich ihm zu erklären, dass er sich an die höhere Macht wenden und seinen geistigen Führer bitten solle, ihm den Weg aus seiner schwierigen, aber nicht aussichtslosen Situation zu zeigen. Während ich so mit ihm sprach, hatte sich mein Ärger, den Zug zu verpassen, zu einem tief empfundenen Mitgefühl gewandelt. «Ich glaube, es war eine echte Fügung des Schicksals, dass wir uns begegnet sind», schloss ich meine Erklärung und betete mit ihm, was den offensichtlich nach christlicher Tradition erzogenen Spanier etwas beruhigte. Kurz darauf schaute er überrascht um sich und rief: «Sie kommen! Sie kommen, um mich abzuholen! Da, meine Mutter!» Obwohl ich die Umgebung aufmerksam nach Anzeichen von weiteren Geistwesen absuchte, konnte ich nichts erkennen. «So gehe in Frieden mit ihnen», flüsterte ich hastig, denn sein dunkler Umriss wurde zusehends blasser. Kaum hatte ich das letzte Wort gesagt, hörte ich eine Stimme wie ein schwaches Echo in meinem Innern nachhallen: «Ich danke dir für deine Hilfe, du bist ein guter Mensch.» Dann war nur noch das Plätschern der träge an die Uferböschung rollenden Wellen des Sees zu hören. Unmittelbar nach seinem plötzlichen Abgang erschienen zwei Polizisten. Nach der üblichen Bestandsaufnahme fuhr mich einer von ihnen mit Blaulicht zum Bahnhof, wo ich gerade noch in den letzten Zug steigen konnte. Ob der Geist des Toten auf diese Weise seine Dankbarkeit ausgedrückt hat?

Eine unsichtbare Mitbewohnerin

Nach dem aufwühlenden Ereignis am Seeufer hatte ich das Bedürfnis, mich tiefer mit dem Tod und dem Leben danach zu beschäftigen. Weil das Thema damals gerade am Aufkommen war, wurden zahlreiche bisher unbekannte Bücher mit aufschlussreichen Berichten von anderen Hellsichtigen angeboten. Ausserdem vertiefte ich mich in die Literatur der Parapsychologie, erkannte aber auch in der Bibel wertvolle Hinweise zum Thema Tod. Die Schreibhefte mit den Erläuterungen des Paters lagen weiterhin in einem Holzkasten im Haus meiner Eltern. Ich fühlte mich einfach noch nicht reif genug, um seine Lehre wirklich verstehen und anwenden zu können.

Nach meiner Heirat in der zweiten Hälfte der 70er-Jahre zogen meine Frau und ich in ein hochgelegenes Bergtal, wo wir eine Wohnung in einem einfachen und schönen alten Holzhaus am Dorfrand bezogen. Es war Spätherbst, die Tage wurden kürzer und man sass abends wieder drinnen in der warmen Stube. Als ich nach einem langen Arbeitstag lesend am Küchentisch sass, hörte ich im Zimmer über mir Geräusche. An und für sich war das nicht aussergewöhnlich, verbrachten doch die Hausbesitzer ab und zu ein Wochenende in ihrer Ferienwohnung im ersten Stock. Allerdings hatten sie ihr Kommen stets angekündigt, weshalb ich meine Frau fragte, ob jemand angereist sei. Sie verneinte und hatte auch keine Geräusche vernommen. Doch ich hörte deutlich, wie jemand auf dem alten Holzboden hin und her ging. Offenbar hatten sich unsere Freunde doch nicht angemeldet. ‹Was solls›, dachte ich, ‹wir werden sie ja morgen sehen.› Eine Stunde später ging ich mit unserem Hund noch einmal nach draussen und sah zu meinem Erstaunen, dass in der Ferienwohnung kein Licht brannte. War etwa jemand eingebrochen? Nachdem ich vergeblich die Türglocke geläutet hatte, versuchte ich, die Tür zu öffnen. Sie war wie immer fest verriegelt.

Drei Tage später hörte ich oben erneut schlurfende Schritte. Als ich vor Einbruch der Dunkelheit im Garten die restlichen

Sträucher geschnitten hatte, waren die Fensterläden der Ferienwohnung geschlossen gewesen. Wer geht also dort umher? Alte Häuser erzeugen ständig Geräusche, aber ich hatte zum zweiten Mal deutliche Schritte gehört. Als auch mein Hund, der wie gewohnt an seinem Stammplatz lag, mit gespitzten Ohren zur Decke hinaufschaute, musste ich wissen, was los ist. Ihm ging es offenbar auch so, denn kaum hatte ich unsere Haustür geöffnet, schlüpfte er an mir vorbei und rannte hinaus. Nachdem ich erneut vergeblich geläutete hatte, öffnete ich die Tür zur Ferienwohnung. Unsere Freunde waren offensichtlich nicht anwesend, weshalb ich überprüfte, ob die Fensterläden verschlossen sind. Da nichts Aussergewöhnliches zu sehen war, wollte ich eben das Schlafzimmer im alten Hausteil verlassen, als hinter mir die Tür mit einem lauten Knall heftig gegen die Wand schlug.

Doppelt aufmerksam ging ich noch einmal durch die von mächtigen, handgehobelten Balken umschlossenen uralten Räume, als das altbekannte Gefühl aufkam, von hinten beobachtet zu werden. Nun konnte ich nicht länger verdrängen, dass die Geräusche keine natürliche Ursache hatten. Doch vorerst hatte ich genug gesehen und beschloss, die Sache bis auf Weiteres ruhen zu lassen.

Einige Tage danach fegte einer der gefürchteten Sturmwinde durch das Tal, die alles, was nicht niet- und nagelfest ist, wegtragen und selbst kräftige Bäume knicken als wären sie Strohhalme. Dann fliegen Ziegel von den Dächern, werden Leitungen heruntergerissen und Fensterläden auf- und zugeschlagen, dass kaum jemand ruhig schlafen kann. Nach dem Abendessen machte ich deshalb einen Kontrollgang um das Haus und leuchtete die Fassade nach möglichen Schäden ab. Tatsächlich schwang einer der Fensterläden im Wohnzimmer der Ferienwohnung hin und her, obwohl ich sämtliche Riegel kürzlich sorgfältig kontrolliert hatte. Gespannt betrat ich die Wohnung und fühlte mich bereits wieder nach dem ersten Schritt beobachtet. Ohne mich davon ablenken zu lassen, verriegelte ich den Fensterladen erneut und prüfte, ob auch die anderen fest geschlossen waren.

Kaum hatte ich in unserer Küche ein Glas Wasser geholt, schlug offenbar schon wieder ein Fensterladen gegen die Wand! ‹Das darf doch nicht wahr sein›, dachte ich und ging noch einmal hinaus. Oben schwang derselbe Laden lose im Wind, was mich allerdings weniger überraschte als die ebenfalls geöffneten Fensterflügel. Wie sich bald herausstellte, funktionierte die Verriegelung von Laden und Fenster einwandfrei, was bedeutete, dass sie von innen geöffnet worden waren. Wieder in unserer Wohnung unten, musste ich erst einmal meine Frau beruhigen. Dann holte ich erneut ein Glas Wasser und wollte mich eben zu ihr aufs Sofa setzen, als es draussen schon wieder knallte. Aufgebracht stapfte ich in die stürmische Nacht hinaus und musste nicht lange nach der Ursache des Knallens suchen, war es doch derselbe lose Fensterladen. Wieder oben in der Ferienwohnung erschrak ich dann beim Öffnen der Wohnzimmertüre: Einige Meter vor mir bewegte sich etwas Helles raschelnd über den Fussboden. Schnell schaltete ich das Licht ein und musste über meine impulsive Reaktion schmunzeln. Das helle Etwas erwies sich als ein Büschel Trockenblumen, der aus der umgestürzten Bodenvase herausgefallen war und vom Wind hin und her geweht wurde. Dann wurde mir jedoch schlagartig klar, dass der Wind die schwere Vase unmöglich bewegt haben konnte. Zudem war da auch wieder das untrügliche Gefühl, dass jemand in meiner unmittelbaren Nähe seine Aufmerksamkeit auf mich richtet. Mit mittlerweile geübten Griffen hatte ich den Fensterladen verschlossen und machte mich fest entschlossen, den gespenstischen Vorgängen auf den Grund zu gehen, auf einen weiteren Rundgang durch die Wohnung. Kaum hatte ich den Korridor betreten, erschien wie aus dem Nichts eine verschwommene Silhouette. Gleichzeitig strömte wieder das typische Kribbeln wellenartig vom Hals über den Rücken hinunter und wie ein Stromstoss durch die Beine in den Boden. Dann verschwand die Gestalt, wie sie aufgetaucht war, aber ich wusste nun, wo ich suchen musste.

Nach meiner Erfahrung verweilen Geister von Menschen, die in ihren Betten gestorben sind, oft noch in ihrem Schlafzimmer.

Als ich es erneut betrat, begann meine Lebenskraft aus meinem Körper zu schwinden, als würde sie von jemandem abgesaugt. Auf solche Fälle vorbereitet, wehrte ich den Angriff mit einem magischen Zeichen ab. Dann war unvermittelt eine düstere Geistfrau im Zimmer, als wäre sie durch die massive Balkenwand hineingekommen, huschte in auffallend aufrechter Haltung an mir vorbei und setzte sich seitwärts auf die Bettkante. Als ich der seltsamen, in ein knöchellanges schwarzes Kleid gehüllten Frau in die Augen schaute, glaubte ich für einen Sekundenbruchteil ein schönes und ausgesprochen attraktives Gesicht zu sehen. Doch dann starrten sie tief traurig und hilflos durch mich hindurch in eine weite Ferne. Ich hatte ja bereits Erfahrung mit solchen Begegnungen und fragte das Wesen, ob ich helfen könne. Nachdem es auf meine Frage nicht reagiert hatte und auch weitere Versuche erfolglos blieben, nahm ich an, dass es bereits zu lange in der Zwischenwelt lebte, um mit mir zu sprechen. Bisher waren die Geistwesen nicht länger als einige Jahre in der Zwischenwelt gewesen, weshalb sie zu mir sprechen konnten, als seien sie lebende Menschen. Dieses Geistwesen konnte offensichtlich meine Anwesenheit wahrnehmen. Sonst hätte es sich nicht derart gegen das Eindringen in seine einstige Behausung gewehrt. Aber es konnte sich mir offenbar nicht mehr mitteilen.

In der Hoffnung, verstanden zu werden, erklärte ich der Geistfrau, dass sie eigentlich längst nicht mehr hierher gehöre, aber bleiben könne, falls sie uns nicht weiter belästige. Danach betete ich, dass die Seele der verloren und einsam wirkenden Frau den Weg in die Anderswelt finden möge, und segnete den Raum mit einem etwas schwungvoll geratenen Kreuzzeichen. Unmittelbar darauf strömte ein eiskalter Luftzug mit einem leisen Zischeln an mir vorbei in den Korridor hinaus. Von der bisher nicht gekannten Intensität ihrer Energie überrascht, musste ich mich erst einmal fassen und sagte dann klar und bestimmt: «Dein Auftritt war gut, aber so leicht lasse ich mich nicht einschüchtern! Ich hoffe, du hast mich verstanden und lässt uns nun in Ruhe, sonst müsste ich dich aus dem Haus verbannen!» Nachdem ich den

Rundgang durch die Wohnung beendet hatte, kehrte ich in unsere Wohnung zurück und konnte endlich meinen Feierabend geniessen. Unsere Mitbewohnerin war in ihrer vertrauten Umgebung geblieben. Und wenn gelegentlich oben ihre Schritte zu hören waren, schaute ich zur Decke hoch und wünschte ihr eine gute Nacht.

Ein anhänglicher Ehemann

Nicht weit von unserem Wohnhaus entfernt lebte damals ein älteres Ehepaar, das ich durch einen Schulfreund seit meiner Jugendzeit kannte. Zwei Jahre nach dem Spuk bei uns zuhause begegnete ich der Frau auf der Strasse. Ihr Mann war kürzlich gestorben, weshalb ich nicht überrascht war, als sie auf das zu sprechen kam, was sie wegen ihm während der letzten Jahre zu ertragen gehabt hatte. Er hatte sich aufgrund einer schmerzhaften Behinderung zunehmend von der Gesellschaft isoliert und war in den letzten Lebensjahren oft ans Bett gefesselt gewesen. Wie mir seine Witwe nun anvertraute, hatte sie unter seiner Verbitterung enorm gelitten. Ständig schimpfte er über alles und jedes und konnte auch in ihr nichts Gutes mehr sehen.

Ich spürte, dass ein dunkler, bedrückender Schatten auf ihrem Herzen lag, und fragte aus Mitgefühl auf gut Glück, ob sich ihr Mann noch immer bemerkbar mache. Überrascht zog sie mich am Arm näher zu sich, denn wir standen beim Lebensmittelladen mitten auf dem rege begangenen Fussweg. Sie habe wirklich ein echtes Problem, flüsterte sie verlegen. Nicht einmal der Pfarrer habe ihr helfen können. Bevor ich nachfragen konnte, liess sie meinen Arm los und sagte hastig, sie müsse vor dem Ladenschluss noch etwas kaufen. Mir erschien ihr plötzlicher Abschied wie ein Vorwand, um unser Gespräch zu beenden, denn das Thema war ihr offensichtlich peinlich.

Einige Wochen später wurde ich durch die Schritte unserer geisterhaften Mitbewohnerin an das Gespräch mit der Witwe erinnert. Als ich sie an einem der folgenden Abende besuchte, führte sie mich sichtlich erfreut ins Wohnzimmer und ging in die Küche. Während sie Teewasser aufsetzte, schaute ich mich in der behaglichen Stube um. An den Wänden hingen zwischen einigen Gemälden zahlreiche Fotografien von Familienmitgliedern und Verwandten, aber zu meiner Überraschung war der verstorbene Ehemann nirgends zu sehen. Nachdenklich ging ich zum Sessel zurück und wollte mich eben hinsetzen, als ich vom grossen Kachelofen wie magisch anzogen wurde. Einen Schritt vor ihm ging ein Schaudern durch meinen Körper. Ich hatte etwas Ähnliches erwartet, wollte aber zu diesem Zeitpunkt nicht darauf eingehen und setzte mich auf das Sofa. Nachdem die Hausherrin mit dem Teegedeck in die Stube gekommen war und wir uns gegenüber sassen, fragte ich spontan, ob sie noch keine Zeit hatte, um eine Fotografie ihres Mannes rahmen zu lassen? Die Frage überraschte mich selbst, denn eigentlich wollte ich das Thema gemächlich angehen. Sie zuckte zusammen und versank darauf wie ein Häufchen Elend in ihrem Sessel. Wie ich vermutet hatte, bestand ihr Problem darin, dass sie weiterhin unter den Launen des Verstorbenen leiden musste.

Darauf angesprochen, fragte die alte Frau sichtlich erleichtert, woher ich das wisse, und richtete sich erwartungsvoll auf. Nun war es an mir, von meinen Erfahrungen mit Geistwesen zu sprechen. Als wenn ein Damm gebrochen wäre, erzählte sie nun, dass ihr Mann sie nach wie vor äusserst brutal belästige, weshalb sie sich nach dem Pfarrer auch ihrer besten Freundin anvertraut hatte. Ausser gut gemeinten Worten und der Empfehlung zu einem Kuraufenthalt wusste diese auch keinen Rat, sprach jedoch mit einigen anderen Leuten darüber. Und bald ging im Dorf das Gerücht um, sie leide seit dem Tod ihres Mannes unter Wahnvorstellungen.

Nachdem sie tief durchgeatmet hatte, sprach sie etwas ruhiger geworden weiter. «Als mein Mann unerwartet schnell gestorben war, fiel zwar die schwere Last der tagtäglichen Vorwürfe und Beschimpfungen von mir, aber die ungewohnte Ruhe im Haus liess mich in eine tiefe Einsamkeit fallen. Etwa sechs Tage nach der Beerdigung wurde ich durch ein heftiges Poltern aus dem Schlaf geschreckt. Noch bevor ich das Licht einschalten konnte, rumpelte es erneut. Manchmal schlüpfen Katzen ins Haus, weshalb ich vermutete, dass eine von ihnen unten in der Stube herumstrich. Doch dort war weder eine Katze zu sehen, noch war etwas umgestürzt worden und die Fenster waren alle geschlossen. Während ich noch überlegte, woher der Lärm wohl hergekommen sein könnte, klopfte es grob an die Wand zwischen Stube und Kammer. Du kannst dir nicht vorstellen, wie sehr ich erschrocken bin!» Wie sich herausstellte, hatte der Verstorbene seit Langem in der Kammer gewohnt und sie in den letzten Lebensjahren kaum mehr verlassen. Dabei zeigte sie auf die Wand beim Kachelofen, was mich nach meiner Erfahrung eben dort nicht überraschte. Dann schilderte die bodenständige Berglerin, wie sie ihre Furcht überwand und das Haus gründlich absuchte, aber weder in dieser Nacht noch am nächsten Tag etwas Aussergewöhnliches bemerkte. Doch kaum war die Dämmerung zur Nacht geworden, begann das Klopfen aufs Neue und hörte seither nicht mehr auf. «Weder der Pfarrer noch meine beste Freundin wollten mir glauben. Und nun kommt ein junger Mann daher und hört mir zu, als wäre meine Geschichte völlig normal.» Natürlich wollte sie wissen, ob das geisterhafte Treiben nun so weitergehe. Ich versprach, das Problem zu lösen, sobald ich herausgefunden hätte, ob tatsächlich ihr Mann hinter dem Spuk steckte. Dabei spürte ich das Wesen wieder in meiner unmittelbaren Nähe. Plötzlich, obwohl ich gewarnt war, riss mich ein dröhnendes Klopfen beinahe aus dem Sessel. Wie die Witwe gesagt hatte, kamen die Geräusche zweifellos von der Wand beim Ofen. Sie sah mich am ganzen Körper zitternd und mit aschfahlem Gesicht hilfesuchend an, weshalb ich kurz entschlossen aufstand und versprach, das Wesen in seine Schranken zu weisen. Seit dem Erlebnis mit unserer unsichtbaren Mitbewohnerin wusste ich ja, dass dies möglich ist. Ich liess mir den Weg zur Kammer erklären und schlich achtsam zur Korridortüre, als das wilde Klopfen erneut die Wand erzittern liess. ‹Das ist wahrhaftig ein echter Poltergeist›, dachte ich und öffnete die laut knarrende Tür zur Kammer einen Spalt breit. In diesem Moment zog ein eisiger Lufthauch an mir vorbei, und dann hatte ich wieder das unangenehme Gefühl, angezapft zu werden. Nachdem ich mich dagegen geschützt hatte, öffnete ich die Tür ganz und stand zwei Meter vor meinem verstorbenen Nachbarn. Er stand in voller Lebensgrösse, so wie ich ihn gekannt hatte, vor seinem Bett und starrte mich kalt und verächtlich an.

Ich glaube, man kann Hunderte solcher Erlebnisse haben und keines würde dem anderen gleichen. Man weiss zwar, was zu erwarten ist, tritt es jedoch dann ein, erschüttert es doch jedes Mal die Psyche aufs Neue. Also stand ich dem erregten und hasserfüllten Geistwesen erst einmal fassungslos gegenüber, war mir doch klar geworden, dass ihm nur schwer beizukommen war. Noch während ich mich innerlich sammelte, verschwand der Mann unter lautem Klopfen in der Wand. Innerhalb von Sekunden war ich drüben in der Stube, wo er mitten im Raum stand, während seine Frau weinend im Stuhl sass und sich mit zitternden Händen Tränen vom Gesicht wischte.

«Was willst du in meinem Haus?» Obwohl die Frage voller Abneigung und Feindseligkeit war, liess ich mich nicht provozieren und fragte den Mann ruhig, weshalb er noch anwesend sei. Ungehalten herrschte er mich daraufhin an, dass alles, was er habe, hier in seinem Haus sei, und ich so schnell wie möglich verschwinden solle. Unbeeindruckt liess ich ihn wissen, dass er keine Macht über mich habe. Dann ermahnte ich ihn, anstatt als Geist auf der Erde umzugehen und seine Frau weiterhin zu quälen, nun seinen Weg zu gehen. Meine Gedanken hatten ihre Wirkung nicht verfehlt, stürzte sich der Geist doch wutverzerrt auf mich und fragte böse fauchend, wer denn gestorben sei? Ich liess seine kalte Energie abprallen, indem ich mich nicht davon beeindrucken liess, worauf er sich mit ausgestreckten Händen auf die Frau stürzte. Ohne mir etwas dabei zu überlegen, richtete ich meine ganze Kraft auf den Wütenden, der nun wie ein Wirbel in den Raum zurückgeschleudert wurde und mit einem ohrenbetäubenden Rauschen verschwand. Erschrocken stand die Witwe auf und klammerte sich in panischer Angst an mich. Nie im Leben hätte ich gedacht, dass ein Geistwesen imstande ist, ein solches Spektakel aufzuführen. Da musste eine gewaltige Energie vorhanden gewesen sein, doch jetzt war davon nichts mehr zu spüren.

Nachdem sich die alte Frau etwas beruhigt hatte, flüsterte sie heiser, als wäre ihr etwas im Hals steckengeblieben: «Da siehst du, was ich seit Monaten zwei- bis dreimal in der Woche über mich ergehen lassen muss. Heute war er allerdings besonders wütend, denn bisher hatte ich noch nie das Gefühl, von ihm gewürgt zu werden.» Nach diesen Worten lehnte sie sich erschöpft zurück und schaute traurig vor sich hin. Ich versicherte ihr noch einmal, dass es auch in ihrem Fall eine Lösung gäbe und ich dem Treiben gleich am nächsten Tag eine Ende machen werde. Auf einem Rundgang durch das Haus konnte ich das Geistwesen nirgends wahrnehmen, weshalb ich davon ausging, dass sie in dieser Nacht nicht mehr gestört würde, und verabschiedete mich bald mit einem herzlichen Händedruck.

Vor dem Einschlafen gingen mir die Ereignisse lange durch den Kopf und fügten sich schliesslich zu einem klaren Bild. Am nächsten Abend erkannte ich meine Nachbarin kaum wieder. Offensichtlich war ihre Lebensfreude wieder erwacht und liess sie seit Langem wieder an ein normales Leben glauben. Als wir uns zum Tee setzten, fragte ich ohne Umschweife, ob sie Roberts Kammer nach seinem Tod aufgeräumt oder verändert habe. Sie schaute mich erstaunt an, weshalb ich ihr kurz erklärte, dass erdgebundene Geister an allem festhalten, was sie mit ihrem vergangenen Leben verbindet. «Gestern ist mir aufgefallen, dass die Kammer aussieht, als würde Ihr Mann noch hier wohnen, was geradezu einer Einladung zum Bleiben gleichkommt. Wenn er seine vertraute Umgebung nicht mehr hat, wird er seinen Weg gehen, aber Sie müssen für ihn beten und ihm verzeihen.» Als ob ein Ruck durch ihren Körper gefahren wäre, stand die zierliche alte Frau auf und sagte freundlich, aber bestimmt, in Richtung Kammer: «So Robert, jetzt ist deine Zeit hier endgültig zu Ende. Ich lasse mich nicht länger belästigen, denn wie du siehst, habe ich endlich Hilfe gefunden.» Noch während sie ein Kreuz in die Luft zog, ertönte das Klopfen erneut, verlor jedoch rasch an Intensität und verstummte schliesslich. Der Mann hatte am Vorabend und soeben derart viel Energie verpufft, dass er nicht mehr fähig war, seine Frau in der Nacht erneut zu stören, weshalb ich bald nach Hause ging, hatte ich doch in der vergangenen Nacht bloss wenige Stunden geschlafen.

Am nächsten Tag räumten wir Roberts Zimmer auf. Seine Kleider und persönlichen Gebrauchsgegenstände kamen in den Müll, die wenigen Möbel wurden umgestellt und das Bett fein säuberlich in seine Einzelteile zerlegt. Anfänglich hatte ich das Geistwesen noch schwach wahrgenommen, aber als die Arbeit getan war und ich den Raum mit einem eigens dafür ausgesuchten Kieferzweig geräuchert hatte, schien es die Kammer verlassen zu haben. Bei einer weiteren Tasse Tee riet ich meiner Mitverschworenen, nun nicht länger über die geisterhaften Vorgänge zu sprechen und so zu tun, als wäre nichts gewesen. Wie abgemacht schaute ich nach drei Tagen noch einmal nach der Frau. Sie schien um Jahre jünger und strahlte über das ganze Gesicht. Roberts Geist hatte entweder einen anderen Aufenthaltsort gefunden oder war endlich auf dem Weg in die Anderswelt.

Remigi

An einem Morgen im Spätherbst hingen die typischen Nebelschwaden zwischen den Bäumen. Wo die ersten Sonnenstrahlen durchschienen, malten sie fantastische Lichtbilder auf den Boden und tauchten den Wald in eine mystische Stimmung. Ich ging langsam und mit bedächtigen Schritten und staunte über die ständig neuen Spiele von Licht und Schatten. Ab und zu liess ich den Blick von den mächtigen Wurzeln eines alten Waldbaums den Stamm hinauf zu den Kronen gleiten und genoss das Gefühl, neben mächtigen Freunden zu stehen. Zwischen den Bäumen wuchsen verschiedene Sträucher, die den Wald in Landschaftskammern unterteilten und zusammen mit dem weichen Teppich aus Gräsern, Farnen und Moosen erst zur gemütlichen Wohnung werden liessen. Begleitet vom Konzert der Vögel hatte ich bald meinen Arbeitsort auf der kleinen Lichtung erreicht. Sie war vor einigen Jahren vom Sturm in den Wald geschlagen worden und wurde nun von kräftig spriessendem Jungwuchs bevölkert. Durch fachgerechte Pflege sollten die Voraussetzungen geschaffen werden, dass sich die Bäumchen einst zu mächtigen Waldbäumen entwickeln können. Darum kümmerte ich mich.

Für die Mittagspause suchte ich mir eine moosbedeckte Steinplatte aus, breitete meine Regenjacke darüber und setzte mich in die wärmende Herbstsonne. Nach einer einfachen Mahlzeit legte ich mich wie üblich kurz hin, doch bald wehte der Wind Fetzen einer männlichen Stimme zu mir. Da mein Hund ruhig vor sich hindöste und weit und breit niemand zu sehen war, lehnte ich mich wieder zurück. Nach einigen Minuten waren erneut Wortfetzen zu hören. Wer konnte das sein? Der nächste Bauernhof war mehrere Kilometer weit weg. Wären Pilzsammler unterwegs, hätte Argo längst seine Ohren gespitzt. Als ich wieder nichts erkennen konnte und auch die Stimme nicht mehr zu hören war, machte ich mich wieder an die Arbeit.

Während des restlichen Tages geschah nichts weiter, weshalb ich erst wieder am nächsten Morgen auf dem Weg zu meinem Arbeitsplatz an die Stimme dachte. Wie am Tag zuvor richtete ich mich nach dem Mittagessen auf der Steinplatte für einen kurzen Verdauungsschlaf ein. Was gab es Schöneres, als fern von Lärm und Stress und begleitet vom Gesang der Vögel im Wald draussen ein Nickerchen zu machen? Doch daran war nicht zu denken, denn nun ertönte die Stimme unmittelbar in meiner Nähe; und wieder war niemand zu sehen. Während des Rests der Pause und der nachmittäglichen Arbeit kreisten meine Gedanken immer wieder um die gedämpften Wortfetzen, als müsste ich sie entschlüsseln. Obwohl ich damit gerechnet hatte, war ich überrascht worden, aber ich verstand sogar deutlich einzelne Worte wie

«Waldfriedenstörung», «Hast» oder «Unruhe». Obwohl ich ihren Sinn nicht ergründen konnte, schien mir, als ob sich jemand durch meine Anwesenheit gestört fühlte. So machte ich mich mit Argo auf die Suche nach dem Ursprung der Stimme. Der Hund lief jeweils einige Schritte vor mir, sprang dann aber plötzlich wie von einer Schlange gebissen zur Seite, drehte sich blitzschnell um und rannte mit eingezogenem Schwanz zu mir. Was hatte ihm derart Angst eingejagt?

Am frühen Morgen des folgenden Tages war ich bereits wieder im Wald, sollte doch die Arbeit auf der kleinen Lichtung am Abend beendet sein. Nach dem Mittagsmahl dachte ich nicht einmal an mein Nickerchen, sondern wartete gespannt darauf, was als Nächstes kommen sollte. Aber nun war weit und breit kein menschlicher Laut zu hören, weshalb ich noch einmal aufmerksam die Umgebung absuchte. Kurz vor der Stelle, wo Argo am Tag vorher zur Seite gesprungen war, blieb er nun stehen und schaute wie gebannt geradeaus. Ich konnte zwar nichts erkennen, spürte aber meine innere Spannung ansteigen. Argo sträubte zitternd sein Rückenfell wie einen Kamm und rannte verunsichert zum Rastplatz zurück. Obwohl nun deutlich ein Wesen in meiner Nähe zu spüren war, blieb ich ruhig stehen – auch als ein starkes Energiefeld wellenartig über meinen Körper glitt. Impulsiv tastete ich ihn ab und fühlte dabei einen kühlen Hauch auf meinen Armen und Händen. Nun war mein Interesse endgültig geweckt, aber ich musste wieder an die Arbeit und beschloss, der Sache später auf den Grund zu gehen.

Endlich lüftet sich das Geheimnis

Dann arbeitete ich monatelang in einem anderen Waldrevier und dachte kaum noch über die seltsamen Ereignisse im Wald nach. Der Zufall wollte es, dass ich dann im vorherigen Waldrevier einen Waldbesitzer besuchen musste. Nach der Besprechung machte ich einen Spaziergang zur Waldlichtung. Wie ich nun in der einbrechenden Dämmerung auf der Steinplatte sass, gingen mir die geheimnisvollen Ereignisse noch einmal durch den Kopf. Argo schien nichts Aussergewöhnliches wahrzunehmen und lag mit dem Kopf auf den Pfoten gelangweilt neben mir. Obwohl nichts geschah, folgte ich meiner Intuition und blieb sitzen. Nach einer halben Stunde reckte der Hund den Kopf und blickte aufmerksam zum nahen Waldsaum hinüber. Als ich seinem Blick folgte, sah ich eine kleingewachsene und nach Art der hiesigen Bauern gekleidete Gestalt hinter einer der mächtigen Fichten hervorkommen. Dann schlich sie einige Minuten am Waldsaum entlang und blieb unschlüssig stehen. Sobald im Wald Menschen in unsere Nähe kommen, reagiert mein Hund normalerweise mit einem kurzen und leisen Bellen, nun gab er jedoch keinen Laut von sich. Da kam die Gestalt langsam unter den Bäumen hervor. ‹Aha, ein Mann›, dachte ich erleichtert. Aufgrund meiner Erfahrung konnte ich nicht ausschliessen, dass hinter der seltsamen Stimme ein Geistwesen steckte. Eben wollte ich Argo beruhigen, als dieser aufsprang und hinter einem Baumstrunk Deckung suchte. Wie ich mich wieder zur Lichtung wendete und den Mann sah, der sich auf sechzig Meter genähert hatte, wurde meine Vermutung zur Gewissheit.

Bisher hatte ich in der freien Natur kaum Geistwesen wahrgenommen, es sei denn, ihre Leichen waren in der Nähe. Wieso war dieses Wesen also hier? Doch ich hatte keine Zeit zum Überlegen, denn es kam unaufhaltsam näher, und ich spürte, dass es Verbindung aufnehmen wollte. Ich atmete ein paar Mal tief durch, hielt dann die Hand zum Gruss hoch und rief: «Komm, wir können zusammen sprechen.» Als hätte er darauf gewartet, schwebte der Mann auf mich zu und blieb zwei Schritte vor mir stehen. Obwohl ich kein klares Bild sah, musste er ein kräftiger Bursche sein. Sein Gesicht wirkte wie eine dunkle Maske, hinter der schwache Züge eines Dreissigjährigen mit von Wind und Wetter dunkel gegerbter Haut zu erkennen waren. «Was willst du von mir?» Als er ängstlich einige Meter zurückwich, erinnerte ich mich, dass sich gewisse Geistwesen wie verirrte Kinder verhalten. Dann näherte er sich wieder und begann, seine Gedanken zu übermitteln.

«Du bist meine einzige Hoffnung, guter Mann, denn du kannst mich sehen und hören. Ich warte schon so lange auf einen Menschen, der mir trotz meiner hoffnungslosen Lage helfen kann. Vor langer Zeit arbeitete ich als Knecht auf dem Hof östlich von hier. Mein Meister war ein rauher und ungerechter Mann, der seine üblen Launen ständig an mir ausliess. Aus Vergeltung und Trotz stahl ich Obst und Branntwein aus seinem Keller. Mit dem Erlös konnte ich mir ab und zu eine Freude gönnen, reichte mein Jahresverdienst doch kaum für eine neue Hose oder Jacke. Natürlich dauerte es nicht lange, bis der Bauer von meinem kleinen Handel hörte. Unter übelsten Schimpfwörtern und harten Fusstritten wurde ich gezwungen, im Heustock die verborgenen Flaschen zu holen. Fluchend und schnaubend stieg er hinter mir über die lange Leiter zum Heuboden hoch. Oben angekommen wurde ich von einer unbeschreiblichen Wut erfasst und stiess die Leiter weit von der Bühne weg. Mein Meister, der eben die oberste Sprosse fassen wollte, schrie kurz auf und prallte dumpf auf den steinernen Stallboden. Während ich starr vor Schreck den seltsam verrenkten Körper betrachtete, wurde mir jäh bewusst, dass die zerbrochene Petrollampe das herumliegende Heu in Brand setzte. ‹Schnell raus hier›, dachte ich, holte aber noch zwei Flaschen aus dem Versteck. Vom ätzenden Rauch getrieben hatte ich keine andere Wahl, als von der Bühne auf den harten Boden hinunterzuspringen. Als ich dicht neben dem brennenden Heu aufschlug, barsten die Flaschen in meiner Jackentasche, worauf rings um mich Stichflammen in die Höhe züngelten.

Als Nächstes sah ich erstaunt, dass ich mich vom brennenden Körper getrennt hatte, verstand aber nicht, was geschah. Plötzlich stapfte mein Meister fluchend im Stall herum, obwohl sein brennender Körper neben dem meinen lag. Seither weiss ich nicht mehr, was ich bin, denn ich bin weder lebendig wie du, noch tot, sonst wäre ich ja nicht mehr hier. Ohne Körper zur Untätigkeit verurteilt, lebe ich gefangen in einer Welt, in deren immer wiederkehrender Finsternis mein Leiden zur furchtbaren Qual wird. Von unseren Begegnungen weiss ich, dass es meinem einstigen Meister gleich geht, und doch jagt mir sein teuflisches Lachen und Fluchen immer wieder fürchterliche Angst ein. Dann ist mir, als würde ich erneut in das tobende Feuer hinunterstürzen, und muss dabei hören, wie er mich verflucht, immer und ewig allein und verlassen in der Dunkelheit zu wandeln.»

Ergriffen versprach ich, dem Wesen zu helfen, soweit wie dies möglich ist. Mir war nun klar geworden, wie ich ihm helfen konnte, aber wo sollte ich beginnen? «Verlassen» und «allein», die beiden Worte schienen die Schlüssel zur Lösung zu sein. Nach seinem Namen gefragt wusste er nur, dass man ihn ‹Remigi› nannte. Dann erklärte ich ihm unmissverständlich, dass er wirklich gestorben sei und hier umgehe, weil er die ihm widerfahrenen Ungerechtigkeiten sowie die schwere Schuld, die er mit dem Mord auf sich geladen hatte, nicht loslassen könne. «Doch du willst weitergehen und das ist gut so, denn dein Wille wird dich ins Licht führen. Aus diesem Grund wurden wir wohl zusammengeführt, weshalb ich noch einmal deutlich sagen muss, dass du es bist, der dich hier gefangen hält. Doch jetzt ist die Zeit gekommen, um dein vergangenes Leben loszulassen. Du darfst zu deinen Ahnen und Freunden, die du bald antreffen wirst. Aber sag mir, Remigi, glaubst du an eine höhere Macht, die über uns und allem steht?»

Er reagierte erst irritiert und flüsterte dann verlegen, früher habe er wohl gebetet, aber während des harten Lebens als Knecht sei der Glaube an einen liebenden Gott verloren gegangen.

«Heute wirst du beten», ermahnte ich ihn, «und deinem Meister all das Böse vergeben, was er dir zugefügt hat, so wie auch du, Remigius, ihn um Vergebung für deine Fehler bitten wirst. Sieh in ihm nicht länger einen Feind, denn euer Schicksal ist auf geheimnisvolle Weise verwoben. Geh also, mach, was ich gesagt habe, und vertraue darauf, dass ein helfendes Wesen aus der Engelwelt dich führen wird.» Nach einem stillen Gebet hob ich den Kopf und sah das nun beinahe unsichtbare Geistwesen von mir wegschweben und sich dann scheinbar angeregt mit jemandem unterhalten. Es war längst Nacht geworden und damit Zeit, nach Hause zu gehen.

Argo kam nun wieder aus seiner Deckung hervor und rannte freudig vor mir den Weg hinunter. Als ich nach einigen Schritten zurückschaute, erschien wie aus dem Nichts Remigi unter einem Baum. Er hatte wieder die Gestalt des alten Knechts angenommen, wirkte aber wie verwandelt. Trotz der Dunkelheit konnte ich gut erkennen, wie er nicht länger von seiner schweren Last nach vorn gebeugt, sondern aufrecht und mit zuversichtlichem Ausdruck vor mir stand.

«Ich fühle mich unbeschreiblich leicht. Es ist, wie du gesagt hast, mein Meister ist kein Meister, sondern eine verlorene Seele, ein wandelndes Geistwesen wie ich. Als ich ihn rief, kam er sogleich auf mich zu und erkannte wie ich unser gemeinsames Schicksal. Jetzt ist er ebenso bereit, in die neue Welt zu gehen, wie ich. Aber was soll ich nun tun?»

Ich erklärte ihm, wie er die Gedanken an sein vergangenes Menschenleben loslassen kann und fügte spontan an: «Nimm die Seele deines Bauern auch ein Stück weit mit, denn mit seinem Lebenswandel wird er auf jede Hilfe angewiesen sein. Doch ihr werdet beide von euren Helfern in eure jeweilige Welt begleitet werden. Nun geh, Remigius, geh ins Licht und finde deinen Frieden.»

Ohne mich umzuschauen, tastete ich mich zu meinem Hund zurück, der in einen Freudentanz ausbrach und mich durch den mittlerweile stockdunklen Wald zum Fahrweg führte. Meine Gedanken kreisten dabei um die Frage, wann und auf welchem Hof sich das Drama mit Remigi und seinem Meister wohl abgespielt haben könnte.

Abschluss

In den kommenden Tagen wuchs mein Drang, der Sache auf den Grund zu gehen. Irgendwie musste Remigis Geschichte doch überprüfbar sein. Unschlüssig, wie ich dabei vorgehen sollte, besuchte ich den «Platz der leisen Stimme», wie ich die Lichtung seit der Begegnung mit dem verstorbenen Knecht nannte. Bald stand ich bei den grossen Fichten, wo er erstmals erschienen war, und schaute mich aufmerksam um. Da, an einem dürren Aststummel hing ein kleiner heller Fetzen! Auf dem feuchten und zweifellos mit Absicht gut sichtbar aufgehängten Papiertaschentuch stand in steifen, mit Holzkohle gekritzelten alten Buchstaben: «Danke, dein R!»

Ende April besuchte ich schliesslich den Hof östlich der Waldlichtung. Der Bauer war wie die meisten in der Gegend auch Waldbesitzer, weshalb ich ihn seit Jahren kannte. Erst diskutierten wir über einige drängende Probleme der Forstwirtschaft, dann kam ich wie beiläufig auf die Geschichte des Hofs zu sprechen. Bereitwillig erzählte der Bauer, dass sein Grossvater das Gut vor 84 Jahren einem alten Bauern abgekauft habe. Es hatte dessen Bruder gehört, bis jener bei einem Stallbrand umgekommen war. Danach bewirtschaftete er eine Weile beide Höfe, was ihn schliesslich überforderte, weshalb er den geerbten Betrieb verkaufte.

Einige Tage später sass ich mit dem Bauern dieses Hofes in der Küche. Nach einem berufsbezogenen Austausch lenkte ich das Gespräch auf seine Familiengeschichte. Stolz erzählte er ausführlich von seinen Vorfahren, die das Gut über Generationen bewirtschaftet hatten. Auf den einstigen Verkauf angesprochen, wusste er nichts Genaues und bat seine Mutter in die Küche. Die über Neunzigjährige war geistig sehr wach und betrachtete mich erst einmal mit ihren lustigen Augen aufmerksam. Bestimmt fragte sie sich, weshalb ihre Familiengeschichte für einen Fremden interessant sein sollte. Doch dann tauchte sie tief in die Familiengeschichte ein und bestätigte zu meiner freudigen Überraschung, was ich von Remigi vernommen hatte. Wie sich herausstellte, war der Stall beim Eintreffen der Feuerwehr bereits völlig abgebrannt, weshalb die Ursache nicht geklärt werden konnte. Zwischen verkohlten Balken fand man schliesslich verkohlte Knochenreste zweier Personen. Da der Bauer und sein Knecht verschwunden waren, ging man davon aus, dass sie im Kampf gegen das Feuer gestorben waren.

Der Bruder und Erbe des Hofs war der Vater der alten Frau, und er hatte ihn nicht etwa wegen Arbeitsüberlastung verkauft. Als sie noch ein Kind gewesen sei, habe ihre Mutter manchmal zum Nachbarhof gezeigt und gesagt, dass dort drüben etwas nicht in Ordnung sei. Wenn ihr Vater, der zeitlebens mit seinem Bruder zerstritten gewesen war, von der Arbeit beim geerbten Hof nach Hause kam, schimpfte er oft, dass der Flegel ihn nicht einmal nach seinem Tod in Ruhe lasse. Nachdem zwei Pächterfamilien nach kurzer Zeit wieder ausgezogen waren, wollte ein erfahrener und furchtloser Junggeselle dem Spuk ein Ende setzen und gab nach bloss einem Jahr ebenfalls auf. Schweren Herzens entschloss sich ihr Vater, das «Geisterhaus», wie man es in der Gegend nannte, an einen Fremden zu verkaufen. Seither sei «drüben» nichts Aussergewöhnliches mehr geschehen, beendete die Alte ihre Geschichte.

Ich konnte kaum fassen, wie leicht Remigis Geheimnis gelüftet worden war. Offenbar gingen Meister und Knecht als spukende Hausgeister um, bis ihre Bindung zum Hof mit dem Verkauf gelöst wurde. Deshalb waren sie ruhelos suchend im nahen Wald, bis sie ihre Irrtümer erkennen und den Weg aus ihrer finsteren Zwischenwelt ins Licht finden konnten.

Sams Erfahrungen

Die zwei Ansichten der Welt

Aus den Erfahrungen anderer und aus für ihn besonders eindrucksvollen Erlebnissen lernte Sam Hess schon in jungen Jahren eine zweite, geistige Welt kennen, die sich ausserhalb seines Körpers befand. Geführt von höheren Kräften stiess er immer wieder auf offene Türen, durch die er auf seinem Lebensweg nach und nach schauen durfte. Dabei erkannte er bald, dass die für jedermann sichtbare materielle Welt mit ihren gebildeten Leuten, die glauben, alles beweisen und erklären zu können, auf unzähligen Illusionen aufgebaut ist. Viele dieser Leute nennen sich Wissenschaftler, denen Millionen Menschen besonders in den sogenannten zivilisierten Ländern alles glauben, was sie erzählen. Sie erkennen die illusionäre Natur von deren Theorien nicht und halten das, was ihnen vorgesetzt wird, für wahr und wirklich. Unsere Welt ist zu einer Welt der Wissenschaftler geworden, die nur das scheinbar Beweisbare gelten lassen, obwohl sie selbst voller Zweifel und Unsicherheiten sind. Die allermeisten von ihnen erkennen trotz ihrer Intelligenz und Bildung nicht an, dass sie im Grunde sehr wenig über die wirklichen Hintergründe, über den eigentlichen Sinn und Zweck unseres irdischen Lebens wissen. Was ausserhalb der materiellen Dimension existiert und was nach dem körperlichen Tod folgt, kann eben nicht bewiesen werden. So ist unser Planet mit Menschen besiedelt, die all das, was die Wissenschaft für wahr hält, selbst auch für eine unumstössliche Wirklichkeit ansehen und ihre eigene Sichtweise und Wahrnehmung diesem einseitigen Denken unterordnen oder zumindest anpassen. Eine Mehrheit von ihnen verdrängt alles, was ihren materiellen Zielen zuwiderläuft und will die Botschaften ihres eigenen höheren Selbst nicht hören.

«Wenn du das, was du suchst, nicht in dir findest, so wirst du es niemals ausserhalb von dir finden.» Sam Hess

Doch ob jene Menschen es nun wahrhaben wollen oder nicht: Es gibt auch die spirituelle, geistige Welt, eine Welt, von der die sehenden, weisen und wirklich wissenden Menschen berichten. Suchende finden den Zugang zu ihr, sei es durch Meditation, Gebet oder eine aufrichtige und auf Mitgefühl für alle fühlenden Wesen beruhende Lebensweise. Für die Weisen wie für die Suchenden, die in ihr Innerstes lauschen, ist diese Welt genauso sichtbar und erfahrbar, wie es die physikalische Welt für die Wissenschaftler ist. Einem Blinden würde man Dummheit vorwerfen, sollte er allen Ernstes behaupten, es gebe keine funkelnde Sternennacht und keine leuchtende Sonne am blauen Himmel, nur weil er sie nicht sehen kann. Sam Hess scheint, dass heute Millionen, ja Milliarden von Leuten eben auf diese Weise Blinde sind und ungläubig auf der Erde irren, ohne die seit Menschengedenken bekannte Existenz einer weiteren, geistigen Welt anerkennen zu können. Er schätzt sich glücklich, dass er an dieser Welt ein wenig Anteil haben kann. Erst lernte er sie durch scheinbar zufällig auftretende Ereignisse kennen, später bewusst, als er sich auf die Suche nach dem Unfassbaren machte, das hinter all diesen Illusionen unserer «Weltfassade» steht. In all den Jahren erkannte Sam schliesslich, dass es nur eine Welt gibt. In ihr sind wir alle eingebunden, ob wir es erkennen oder nicht, und alles «Innere» währt ewig, während das «Äussere» wie ein stetes Kommen und Gehen, Werden und Vergehen ist.

Aussen und Innen sind nur durch einen dünnen Vorhang getrennt. Jeder Mensch trägt in sich die Möglichkeit, seine Fähigkeit zum wirklichen Sehen zu entwickeln, bis er, vorausgesetzt, dass er das wirklich will, wahrhaftig hinter diesen Vorhang schauen kann. Der eigene Wille ist der Weg! So heisst es denn auch in einer uralten Schrift: «Wenn du das, was du suchst, nicht in dir findest, so wirst du es niemals ausserhalb von dir finden, denn siehe, ich war von Anfang an bei dir und bin das, was du am Ende deines Verlangens erreichen wirst!» Ein kurzer Blick wird reichen, damit der wahrhaftig Suchende seine bislang gewohnte Blindheit ablegen, seinen Weg auf ein neues Ziel ausrichten kann und ihm dann sein

Leben in einem strahlenden Licht wie neu erscheinen wird. Ein erster, ganz kleiner Schritt genügt, um ihn zu weiteren Schritten anzutreiben, und seine Freude an dieser neu zu entdeckenden Welt wird riesengross sein. Dann wird er seinen Weg nicht mehr verlassen und einem unbekannten, doch in der Ferne erkennbaren Ziel entgegenstreben.

Durch seine ihm von der geistigen Welt gegebene Veranlagung musste Sam unausweichlich diese Welt des Geistigen, der Geistwesen erfahren und durfte sie mit seinem physischen Körper erleben. Noch heute durchlebt er immer wieder diese ihn zu jener Zeit tief berührenden Erlebnisse. Aus ihnen durfte er Unterweisungen seiner Lebensschulung entgegennehmen und auf der geistigen Weltebene heranreifen. Sam Hess entschlüsselte einige Rätsel unseres irdischen Lebens und erkannte noch dazu, dass wir nicht nur einen einzigen Körper haben, sondern sechs. Drei existieren in der physischen Welt und drei in der geistigen. Sie werden seit jeher als Sechseck dargestellt. Eines zeigt nach unten, das andere nach oben. Ausserdem wurde Sam mit der Zeit bewusst, dass wir die aus vergangenen Leben mitgebrachten Neigungen, Inspirationen, Talente, Wünsche, Triebe und Erfahrungen, die den Kern der Lebensausrichtung und der Persönlichkeitsstruktur eines jeden Individuums ausmachen, in dieses jetzige Leben mitgenommen haben.

Er erkannte erstens, dass wir einen ursächlichen oder kausalen Körper haben, der drei Schöpfungsenergien besitzt: Es sind dies das einträchtige Bewusstsein, die Masse oder Trägheit und die Aktivität oder der Schöpfungswille. Das Wesen des ursächlichen Körpers können wir nicht direkt beeinflussen, aber man kann zum Gleichgewicht der körperlichen Energien beisteuern, indem man seinen Geist und seine Sinne unter Kontrolle bringt. Darüber hinaus dürfen wir einen feinstofflichen oder energetischen Körper bewohnen, der das Entfaltungsvermögen sowohl des Intellekts als auch des Ichs, des Geistes und der Sinnesorgane sowie die Vitalenergie enthält. Des Weiteren gibt es den grobstofflichen Körper, unsere Hülle, in der die Energien für die Sinnesorgane, die Ausführungsorgane und Geistesfähigkeiten existieren, die allesamt zum Funktionieren des menschlichen Körpers notwendig sind.

Völlig unerwartet stellte er allmählich fest, dass der Mensch nicht einfach ein Wesen aus Fleisch mit der Fähigkeit zum Denken ist, sondern ein unvergängliches Geistwesen, das sich von Zeit zu Zeit in einem neu erworbenen physischen Körper in dieser oder einer anderen Welt eine kürzere oder längere Zeitspanne aufhält. Mit jedem Kommen stellen sich ihm neue Aufgaben, die mehr oder weniger erfolgreich gelöst werden. Danach tritt es wieder von seiner Lebensbühne ab. Und hier scheinen viele der Verstorbenen ihren Weg in die andere Welt nur schwer finden zu können, was Sam nachfolgend mit seinen diesbezüglichen Erfahrungen dem interessierten Leser aufzeigen möchte.

Vom Diesseits durch die Zwischenwelten in die Anderswelt

Als Zwischenwelten gelten grundsätzlich Bereiche, die auf dem Weg von einer Welt in eine andere durchquert werden müssen. Sie sind nicht als aus dreidimensionalen stofflichen Landschaften und Körpern bestehende Räume zu verstehen. Obwohl sie für die Betrachtenden wie solche aussehen, existieren sie ähnlich wie die scheinbar feste Wirklichkeit, die wir Nacht für Nacht in unseren Träumen erleben, einzig und allein in der Wahrnehmung.

Sam Hess verwendet den Begriff ‹Zwischenwelt› für den Wahrnehmungszustand, in dem sich die Seelen der Verstorbenen nach dem körperlichen Tod befinden, bis sie sich von ihrem Vorleben auf der Erde gelöst haben und in die Anderswelt eingehen können. Die Umstände der Zwischenwelten, die sich zwischen dem irdischen Leben und der Anderswelt befinden, entsprechen den Umständen, in denen die Verstorbenen im Diesseits lebten. Diebe geraten unter Diebe, Lügner unter Lügner, Mörder unter Mörder. Weder ein göttliches noch ein dämonisches Wesen ist dafür verantwortlich, dass sie sich gegenseitig die Hölle bereiten. Ausgesprochen bedrückend wirken für Sam die Zwischenwelten von Süchtigen, die wie eine dunkle Masse verschlungener Würmer nach dem Stoff ihres Verlangens suchen, sei es nun Alkohol, Heroin, Besitz oder Macht. Mitfühlende, aufrichtige und hilfsbereite Menschen werden dagegen nach dem Ende ihres irdischen Lebens bald von helfenden Geistern empfangen und auf dem Weg in die Anderswelt begleitet. Wenn der Mensch in der Welt also ein gutes Leben geführt hat, werden ihm seine guten Taten in der Zwischenwelt in der Form freundlicher Gefährten erscheinen.

Normalerweise verlassen die Toten den Ort ihres vergangenen Lebens bald und ziehen dann weiter; sei es, weil sie sich wegen altersbedingter Müdigkeit oder Krankheit schon vor dem Tod allmählich vom Körper und seiner Existenz von dieser Welt verabschiedet haben oder sich zeitlebens nicht ausschliesslich mit der materiellen Welt identifizierten. Während diese, gemessen in unserer Zeit, meistens nur Tage oder Wochen als Geistwesen in ihrer Zwischenwelt verweilen, kann es für andere bisweilen Jahrhunderte dauern, bis sie endlich weitergehen können. Dabei befinden sie sich nach Sams Erfahrung stets in einem einsamen, bedrückenden Zustand und suchen ständig nach einem Ausweg aus ihrer schwierigen Situation. Diesen finden sie allerdings erst, wenn sie sich bewusst werden, dass sie keinen Körper mehr besitzen und ihre Fehler und Irrtümer erkannt haben. Bis zu diesem Punkt versuchen manche von ihnen alles, um sich auf die eine oder andere Weise von der Energie der Lebenden zu «nähren» und damit weiterhin die Illusion des irdischen Lebens aufrechtzuerhalten.

In den Zwischenwelten befinden sich alle auf einem Weg und haben dabei die Möglichkeit, sich von ihrer Verhaftung an das vergangene Leben zu lösen. Wie lange dieser Weg dauert, kann anhand unserer Zeitvorstellung nicht bestimmt werden, denn in dieser Dimension gibt es keine Zeit. Sam betont immer wieder mit Nachdruck, dass keiner dieser Wege ewig dauert und die Vorstellung der ewigen Verdammnis allein dem Denken engherziger Menschen entspringt. Wir haben in diesem Leben wie in der Zwischenwelt stets die Möglichkeit, unsere Irrtümer zu erkennen und uns «vom Schatten zum Licht umzuwenden».

«So wie wir nach der Geburt von Verwandten und anderen Menschen liebevoll aufgenommen werden, erwarten uns nach dem Tod ebenfalls vertraute Menschen, um uns in die andere Dimension zu begleiten.» Sam Hess

Das aus der keltischen Kultur übernommene Wort ‹Anderswelt› gilt als Überbegriff für mythische Jenseitswelten oder Jenseitsvorstellungen sowie jene Dimension des Lebens, die man seit Menschengedenken mit dem Leben nach dem Tod verbindet. Die Anderswelt in diesem Sinne ist vielschichtig und entspricht weitgehend dem, was die Verstorbenen im Diesseits bewegt hat. Wie Sam Hess bei seinen «Reisen» in diese Dimension feststellen konnte, existieren die Seelen in derselben Hierarchie der Bewusstseinsstufen wie im Leben als Menschen. Sie haben wie im Diesseits auch die Möglichkeit, sich zu wandeln, in welche Richtung dies auch immer geschehen mag.

In der Anderswelt findet auch eine Schulung statt. Die Seelen der Verstorbenen entwickeln sich weiter. Sam hatte immer wieder Kontakt zu Geistwesen, die ihr Wissen und Können erweitern. Der Geist ist ja nicht tot, sondern bloss ohne Körper. Sam Hess begegnete auf einer Astralreise einer einstigen Lehrerin, die auch in der Anderswelt täglich Unterricht gab. «Viele Geister wollen Versäumtes nachholen», vertraute sie ihm an, «und nutzen die Gelegenheit, sich weiterzuentwickeln.» Seit dieser Begegnung ist er überzeugt, dass solche Seelen immer wieder kommen, sei es als Wissenschaftler, Künstler oder Mystiker. Das würde erklären, weshalb manche Kinder bereits unglaubliches Wissen und eine hohe Intelligenz haben und Dinge entdecken oder erfinden, von denen man zuvor keine Ahnung hatte. Was diese Menschen «bringen», unterscheidet sich grundlegend von dem, was unsere Forscher aus dem Fundus der Wissenschaften zusammenstellen. Während diese selten neue Gedanken entwickeln, kommen die wichtigen Impulse in der Regel von Querdenkern, die offenbar über mehr Wissen verfügen, als auf der Erde bisher zugänglich war. So entwickelte nach Sams Ansicht Mozart seine Musik, die ihm immer wieder vorkommt, als sei sie nicht von dieser Welt, im Jenseits, wo er nicht durch eine diesseitige Vorstellung von Musik eingeschränkt war. Ausserdem konnte er in der Zeitlosigkeit auch seine erstaunlichen Fähigkeiten als Instrumentalist in aller Ruhe «einüben».

> *«Wenn wir nach dem Tod aus dem Traum erwachen, beginnt das eigentliche Leben.»* Sam Hess

Menschen können ihre unerfüllten Wünsche auch im Jenseits realisieren. Auf einer geistigen Reise näherte sich Sam einem kleinen Dorf, das mitten in einer idyllischen Landschaft gelegen war. Alle Türen und Fenster der kleinen, von üppigen und bunten Gärten umgebenen Häuser standen weit offen, als wären die Bewohner noch eben ein und aus gegangen, aber es war niemand zu sehen. Sobald er das Dorf betrat, schlossen sich die Türen und Fenster lautlos, was ihm zeigte, dass seine Anwesenheit die Harmonie der kleinen Anderswelt offenbar störte. Mit den besten Wünschen an die unsichtbaren Bewohner kehrte er um und bewunderte auf dem Rückweg aus angemessener Distanz noch einmal die Gärten, deren Bäume, Sträucher und Blumen sich nicht von den unseren unterschieden, und realisierte, dass auch die Pflanzenwelt ins Jenseits reicht. Was man sich in diesem Leben wünscht und was in der Vorstellung Gestalt annimmt, kann sich in der Anderswelt zu einer Wirklichkeit manifestieren, die nicht weniger real ist als die unsere. Offenbar hatten die Dorfbewohner in ihren Menschenleben den starken Wunsch nach dieser Idylle gehabt und eine entsprechende Vorstellungskraft entwickelt. In diese Richtung weisen auch die weit verbreiteten Sagen, wonach im Herbst, wenn die Älpler mit ihren Herden ins Tal zurückkehren, Geistersennen die Alpen übernehmen und mit ihren Geistertieren bewirtschaften. Offenbar können die Seelen Verstorbener aus ihrer Dimension der Anderswelt auf der Erde erscheinen, ohne dass sie noch mit ihr verhaftet sind, was ebenfalls für die bereits erwähnten helfenden und beschützenden Geistwesen gilt.

Bei seinen verschiedenen Einblicken in die Anderswelt ist Sam Hess auch aufgefallen, dass einfache und bescheidene Menschen dort auf höher entwickelten Stufen «leben» als etwa gebildete oder mächtige Leute. Sie finden auch wesentlich schneller den Weg von der Zwischenwelt ins Jenseits, was an die universale Aussage fast aller Religionen erinnert, nach der jene mit einem einfachen und aufrichtigen Gemüt in diesem Leben wie auch in jenem danach glücklicher sind.

Gewohnheiten

Nach Sams Überzeugung verweilen viele der Geistwesen in ihren Zwischenwelten, weil sie zeitlebens stets im Rahmen des Gewohnten verharrten und dies nach dem körperlichen Tod der Einfachheit halber aus reiner Gewohnheit weiter tun. Im Rahmen seiner heiltherapeutischen Tätigkeit arbeitet er oft mit Menschen, die sich nicht von ihren selbstgemachten Denk- und Verhaltensmustern lösen können. Obwohl viele durchaus erkennen, dass solche Gewohnheiten ihre Entwicklung hemmen und sie in ihrer oft als unangenehm empfundenen Lage stecken bleiben, bringen sie die Willenskraft nicht auf, um etwas daran zu ändern. Dasselbe erfährt Sam bei den Hausreinigungen, bei denen klar wird, dass ein grosser Teil der Geistwesen aus reiner Gewohnheit am Ort ihres Vorlebens richtiggehend sitzen bleibt.

Eine weitverbreitete Gewohnheit ist das Anhaften an «sein eigenes Lebenswerk». Sam erlebte, wie ein Gewerbetreibender sein Geschäft auch im Alter von über achtzig Jahren noch nicht seinem mittlerweile sechzigjährigen Sohn übergeben wollte. Erst der Tod regelte die Nachfolge. Doch leider nur für den Sohn, denn der alte Meister geistert nach wie vor im Haus herum, wo sich die einstige Wohnung und die Geschäftsräume befinden. Als wären Gewohnheiten vererbbar, hält der Sohn, der heute ebenfalls längst das Rentenalter überschritten hat, ebenso krampfartig an «seinem» Geschäft fest. Und dies, obwohl sein über fünfzigjähriger Nachkomme bereits mehrmals gedroht hat, woanders zu arbeiten, falls er sich nicht aus dem täglichen Geschäft zurückzieht und ihm die Verantwortung überlässt. Meistens sind die Gewohnheiten der erdgebundenen Geister ausgesprochen banal, wie Sam weiss. So trifft er überall in Bürogebäuden auf Geistwesen, die täglich dort erscheinen und weiterhin arbeiten wollen.

Eine für Individuen und Gesellschaften besonders zerstörerische Gewohnheit ist der Alkoholismus, der in der Welt der Geister genauso weit verbreitet ist wie in unserer. Viele alkoholsüchtige Geistwesen hängen sich, von deren Ausstrahlung angezogen, an lebende Gewohnheitstrinker und geniessen auf diese Weise deren Rausch gewissermassen mit. Für einen alkoholsüchtigen Menschen ist es dann umso schwieriger, gegen die Sucht anzugehen, wenn ihn ausser ihm selbst noch ein oder gar mehrere Geister zum Trinken antreiben, um ihre Sucht zu befriedigen.

Gier, insbesondere Geldgier, ist ebenso eine in beiden Welten verbreitete Sucht. Sam traf auf jemanden, der sich aus blosser Gier buchstäblich zu Tode sparte und dann als Geistwesen unaufhörlich versuchte, an Geld zu kommen, obwohl er eigentlich hätte wissen müssen, dass er dazu keine Möglichkeiten mehr hatte.

Sterben und Weiterleben

Welchen Einfluss hat die Verdrängung des Todes auf unsere Psyche? Als Sam in einer Runde erfahrener Medienfachleute darauf verwies, dass das Todestrauma einen verheerenden Einfluss auf das Wohlbefinden der Menschen ausübe, stimmten alle mit sichtbarer Betroffenheit zu. Die im heutigen materialistischen Weltbild absolute Trennung von Leben und Tod ist mit einem Riss in der Psyche vergleichbar. Zwar kann man die Folgen dieser Zerrissenheit mit Konsum, narkotischen Drogen wie Heroin oder Alkohol oder einschlägigen Produkten der Pharmaindustrie etwas überdecken, aber ihre zerstörerische Auswirkung auf die Gesellschaft ist unübersehbar.

Sam Hess ist davon überzeugt, dass wir wieder lernen müssen, den Tod zu akzeptieren, lernen, dass der Tod des Körpers nicht das Ende ist, sondern sich ein Leben an das andere reiht; ausserdem müssen wir lernen und hinterfragen, wer oder was denn eigentlich stirbt. Aus seiner Sicht erscheint der Kampf gegen den Tod, bei dem mit Händen und Füssen, respektive Medikamenten und Geräten, Leute am Leben erhalten werden, absurd. Er weiss aus manchen Begegnungen mit Geistwesen, wie gerne die meisten Leute aus der Beschränkung des oft müden und kranken Körpers befreit werden. «Wissen denn die Verantwortlichen, was sie tun?», fragt er eindringlich, «wenn sie ihre Angehörigen oder Patienten in Alterssilos lagern, wo sie von Pharmadrogen ruhiggestellt vor sich hindämmern, bis sie endlich sterben können?»

Angehörige, Pflegefachleute und Sterbebegleiterinnen sind Zeugen, wie alte Menschen, die, wenn ihre Zeit gekommen ist, bereitwillig gehen und dabei ein feines Licht ausstrahlen, um dann mit einem friedlichen Ausdruck, ja oft einem Lächeln ihren letzten Atemzug zu tun. Es gibt auch keinen Grund, sich zu fürchten, denn man geht in die körperlose Existenz über, ohne davon etwas zu spüren. Unter «normalen» Todesumständen ahnt der Mensch, wann seine Zeit gekommen ist, weiss Hess. Sobald er sich dann entschlossen hat, sein irdisches Leben hinter sich zu lassen, wird er, begleitet von Helfern, innerhalb von Stunden oder Tagen in die Anderswelt hinübergehen. Glücklich ist also, wer spürt, dass die Zeit gekommen ist, und loslassen kann.

Seine Sichtweise steht jener der Wissenschaft diametral gegenüber, aber Wissenschaftler beschäftigen sich mit dem stofflichen Körper und können deshalb auch keine Aussagen über das Weiterleben der Seele machen. Unzählige feinfühlige Pflegefachleute und manche Ärztinnen oder Ärzte sprechen jedoch im privaten Rahmen von einer «spürbaren Gegenwart» im Krankenzimmer, kurz nachdem der Tod des Körpers festgestellt wurde. Ähnliches hört man von Priestern, Pfarrerinnen und insbesondere von Menschen, die Sterbende begleiten.

«Trauer um Verstorbene wird vom Ego der Hinterbliebenen empfunden.» Sam Hess

Die Angst vor dem eigenen Tod ist das eine, aber viele fürchten sich noch mehr vor dem Tod ihrer Nächsten. Dabei sei zu bedenken, dass die Hinterbliebenen unter der Trennung leiden, nicht aber die Verstorbenen. Wir betrauern eigentlich uns selbst, wenn wir um unsere Toten trauern; davon ist Sam aufgrund eigener Erfahrung überzeugt: In einem seiner früheren Leben war er mit einer jungen Frau verheiratet und eben Vater geworden. Als die junge Mutter beim Waschen in den Bach fiel und ertrank, war sein Schmerz so gross, dass er tagelang das Grab nicht verliess. Nachdem er dieses traumatische Ereignis noch einmal durchlebte, wurde ihm schmerzlich bewusst, dass er damals nicht seine verstorbene Frau, sondern sich selbst betrauert hatte.

Jahre nach diesem Einblick in seine vergangene Inkarnation wurde Sam eines Tages von der jungen Verkäuferin des Ladens, wo er seine Lebensmittel einkaufte, mit den Worten begrüsst: «Ah, da kommt der Vater.» Darauf angesprochen vertraute sie ihm an, schon bei seinem ersten Einkauf zu ihrer eigenen Verwunderung die Gewissheit verspürt zu haben, ihren Vater vor sich zu haben. Damit meinte sie allerdings nicht, dass sie ihren leiblichen Erzeuger nicht kennen würde und deshalb Sam für diesen halte.

Einige Monate danach traf er die junge Frau am 24. Dezember zufällig auf dem Markt der Kleinstadt, wo er damals wohnte. Auf seine Frage, ob sie am Weihnachtstag ihre Familie besuchen werde, schüttelte sie schweigend den Kopf. Da er ihre Einsamkeit spürte und damals allein lebte, lud er sie zum Essen zu ihm nach Hause ein. Im Laufe des Abends entwickelten sich interessante Gespräche und der Beginn einer freundschaftlichen Beziehung, die bis heute anhält. Die Frau ist seit einigen Jahren verheiratet, hat selbst Kinder und nennt ihn nach wie vor «Vater». Heute weiss Sam aus einer weiteren «Reiseerfahrung», dass sie das Kind war, das seine im Bach ertrunkene Frau damals hinterliess.

Solche schicksalshaften Beziehungen und Erlebnisse sind Teil des Lebens und nichts Aussergewöhnliches, werden aber meistens verdrängt. Sam half die Begegnung, den lange zurückliegenden Schmerz über den Verlust der einstigen Gattin und die damit einhergehende Entfremdung vom gemeinsamen Kind zu heilen.

Geistwesen im Alltag

Nachdem ich Sams Erfahrungsbericht zum ersten Mal gelesen hatte, fragte ich mich, wie es wohl sein mag, wenn man fast ebenso oft Geistwesen sieht wie lebende Menschen. «Ich musste lernen, mich abzugrenzen», beantwortete Sam meine Frage später, «sonst wären doppelt so viele Leute auf der Strasse.» Vor allem Orte, wo viele Leute zusammenkommen, wie etwa grosse Einkaufszentren oder Bahnhöfe sind nach seiner Erfahrung dicht mit Geistwesen bevölkert. Sie schliessen sich dort an die reichlich vorhandene Vitalenergie an und fühlen sich dadurch wieder lebendig. Ebenso beliebte Aufenthaltsorte von Geistwesen sind öffentliche Lokale aller Art, insbesondere Kirchen, alte Gasthäuser und natürlich Friedhöfe. In der freien Natur und insbesondere an abgelegenen Orten habe er selten Totengeister wahrgenommen und dann eigentlich nur, wenn sie an ihre verunfallten und noch dort liegenden Körper gebunden waren. So gehen zum Beispiel in einem Einkaufszentrum tagsüber weit mehr Geister um, als nachts in einem einsamen Wald; aber eigenartigerweise fürchtet man sich vor allem dort vor ihnen.

«Geister zeigen sich so, wie sie es wünschen. Oft nehmen sie die Form an, die sie Jahrzehnte vor dem Tod hatten.
Ich habe bei Unfällen Geister von bis zur Unkenntlichkeit Verstümmelten gesehen, deren Körper unversehrt war.»

Sam Hess

Auf meine Frage, ob er sie also überall wahrnimmt, sann er erst eine Weile nach und sagte schliesslich: «Als einer, der den Wald von Kind an kennt und als Förster wie auch in der Freizeit oft durchstreift, sehe ich eigentlich jede Pflanze, jeden Baum, jedes Kraut und jede Blume. Jemand, der nur den Weg vor Augen durch denselben Wald geht, ohne die Natur näher zu kennen, wird nur einen Bruchteil dessen sehen, hören und riechen wie ich. Dasselbe gilt für die Totengeister. In meiner Wahrnehmung überlagern sich unsere Welt und die Zwischenwelt der Geistwesen. Wenn ich meine Aufmerksamkeit nicht bewusst auf das Diesseitige richte, sehe ich sie eigentlich überall, und selbst wenn ich mich abgrenze, drängen sich immer wieder gewisse Wesen in mein Wahrnehmungsfeld. Wenn etwa Totengeister bereit sind zu gehen, aber es nicht aus eigener Kraft schaffen, versuchen sie oft, sich bemerkbar zu machen.» – Sam wirkt in solchen Situationen als Mittler zwischen den Welten.

Aufgrund jahrzehntelanger Beobachtungen unterscheidet Sam drei Arten von Geistwesen: Am häufigsten sind jene, die im Verlauf der letzten zehn Jahre den Körper verlassen haben. Sie sind deutlich wahrnehmbar, können leicht angesprochen werden und nehmen den Kontakt zu ihm oft selbst auf. Seltener sind jene, die bis zu hundert Jahre in der Zwischenwelt verweilen. Sie hängen ausgesprochen stark an ihrem vergangenen Leben und nehmen kaum etwas anderes wahr als ihre einstigen Aufgaben. Sie können von Sam nur mit viel Geduld und Einfühlungsvermögen kontaktiert werden. Schliesslich gibt es sogenannte Altwesen, die seit Jahrhunderten in ihrer Zwischenwelt leben und keinen Bezug zu unserer Gegenwart mehr haben. Da für sie unsere Welt nicht mehr existiert, reagieren sie auch in keiner Weise auf Sams Versuche, mit ihnen Verbindung aufzunehmen.

Weil Geister in unserer Welt nicht mehr handeln können, versuchen sie, Lebende auf sich aufmerksam zu machen. In katholischen Gegenden werden in solchen Fällen noch heute Messen gelesen, was zu Schulderkenntnis und Vergebung auf beiden Seiten führen kann. Andere «verkündigen» sich auf dem Weg ins Jenseits gewissen Menschen, indem sie sich auf die eine oder andere Weise bemerkbar machen, um so von ihnen Abschied zu nehmen oder ihnen sonst eine persönliche Botschaft zu vermitteln. Manchmal hängt dann ein Bild von ihnen plötzlich schief oder man denkt intensiv an sie. Unter Verwandten oder Partnern von Verstorbenen geschieht dies viel öfter, als man glaubt, doch man spricht kaum darüber. Den einen ist es etwas unheimlich, den anderen eine zu intime Erfahrung, um sie weiterzuerzählen. Doch jene, die Zeuge einer sogenannten «Verkündigung» wurden, waren danach «nicht mehr dieselben», wie man zu sagen pflegt. Nachdenklicher vielleicht, besonnener und auch achtsamer gingen sie fortan durchs Leben.

Solche Geschichten waren früher weit verbreitet. Zur Zeit von Sams Kindheit konnten sein Vater und einer seiner Onkel stundenlang am Tisch sitzen und davon erzählen oder darüber Gespräche führen. Er hörte jeweils fasziniert zu und lernte dabei, dass man im vertrauten Rahmen über alles sprechen kann. Zumindest war dies bis vor wenigen Jahrzehnten in den Bergen noch üblich.

Manche Geister wissen nicht, dass ihr Körper tot ist und versuchen, an der körperlichen Existenz der Lebenden teilzuhaben. Dabei geht es ihnen vor allem darum, deren Lebenskraft anzuzapfen. Was ihnen Energie verleiht, führt bei den Betroffenen zu einem Mangel an Kraft und entfremdet sie von ihrem eigenen Leben. Manchmal haften sich die Geister auch an Tiere. Nach Sams Erfahrung sind Ziegen beliebte «Wirtinnen», was wohl an ihrem eigenständigen, sensiblen und weisen Wesen liegt. In der Natur sieht er Geistwesen vor allem in der Umgebung von Ziegen und war manchmal überzeugt, «dass mich eine von ihnen mit den Augen eines verstorbenen Menschen anschaute».

Geistwesen können oft ausgesprochen manipulierend oder gar intrigant wirken, um Lebenden ihre eigenen Vorstellungen aufzudrängen. Keinen Körper mehr zu haben, bedeutet nicht, dass sie sich anders verhalten als im vergangenen Leben. Ihre Ratschläge und Absichten sind demnach weder weiser noch uneigennütziger als die von lebenden Menschen. Wir müssen unsere Entscheidungen stets selbst treffen und uns nicht von vermeintlichen schicksalshaften Ereignissen dazu verleiten lassen, Dinge zu tun, die dem eigenen Wesen oder den eigenen Absichten widersprechen. Schlussendlich haben stets die Lebenden, also wir, die Folgen zu tragen. Sam erlebt immer wieder, wie etwa verstorbene Mütter oder Grossmütter versuchen, im Beziehungsleben ihrer Nachkommen vermittelnd einzugreifen. Weil ihnen als Geistwesen mehr Informationen und Möglichkeiten zur Verfügung stehen als uns Lebenden, können solche Verkuppelungen oder Intrigen wie gottgewollt erscheinen. Damit will er allerdings nicht in Abrede stellen, dass verstorbene Vorfahren oder Verwandte mit ihrer «Einmischung» auch recht haben können, wie dies im Fall von verkörperten Menschen ja auch vorkommen kann.

> *«Geistwesen sind auch nur Menschen, auch wenn sie keinen Körper mehr haben. Entsprechend gibt es unter ihnen all die Verhaltensweisen oder Eigenarten wie unter den Lebenden.»*
>
> Sam Hess

Zwar sind Geistwesen in der Regel einsam und wirken traurig oder gar verzweifelt, aber es gibt durchaus auch fröhliche Geister, die ihre Freiheit vom Körper mit seinen Einschränkungen und Schmerzen geniessen. Sie können endlich tun und lassen, was sie wollen. So wie Lebensgenuss hier die Existenz mit Freude erfüllen kann, tut sie es auch dort. Aus ihrer Sicht besteht ausserdem die Verbindung zu ihren diesseitigen Angehörigen, Partnern und Freunden weiter, weshalb sie auch nicht unter der Trennung leiden.

Geister nehmen sich gegenseitig wahr und können, wenn sie dies wünschen, miteinander kommunizieren und Geselligkeit pflegen, wie dies Sam zum Beispiel auf Friedhöfen erlebt hat. Diese sowie alle anderen, denen Sam in den nun beinahe fünf Jahrzehnten begegnete, trugen Kleider ihrer jeweiligen Zeit und gesellschaftlichen Position. Geistwesen in Leichenhemden oder Bettlaken, in denen sie oft dargestellt werden, sah er allerdings nie.

> *«Geistwesen haben ähnlich verschiedene Gründe, um in der Zwischenwelt zu verweilen, wie die lebenden Leute in unserer Welt.»*
> Sam Hess

Verstösse gegen das Leben anderer oder gegen das eigene scheinen viele der Geistwesen davon abzuhalten, ihr vergangenes Leben hinter sich zu lassen und weiterzugehen, wie Sam immer wieder erleben konnte. Sie wissen nicht, was ihnen geschieht, und irren wie verlorene Kinder herum. Wenn sie schliesslich jemanden finden, der ihnen auf dem Weg ins Jenseits helfen kann, reagieren sie nach Sams Erfahrung meistens erleichtert, wie dies einige der von ihm geschilderten Fälle zeigen.

Andere Geistwesen sind oft an Orte oder Häuser gebunden oder nicht weniger selten an kleinere oder grössere Gegenstände. Während Sam früher solche Verbindungen vor allem mit alten Erbstücken erkannte, findet er sie seit einigen Jahrzehnten zunehmend mit geschenkten oder gekauften Antiquitäten, insbesondere, wenn sie in einem kultisch-religiösen Zusammenhang stehen, wie in der Geschichte der tanzenden Geistwesen.

Dieses Anhaften an Orten oder Gegenständen ist geradezu typisch für den Zustand von erdgebundenen Geistwesen. Es sind aber wohl weniger die materiellen Dinge, an denen sie haften, als die Erinnerungen, mit denen diese verbunden sind. Hess erlebt ebenso oft Geistwesen, die noch eine Weile auf der Erde verweilen, weil sie hoffen, einen hellsichtigen Menschen zu finden, der ihren Hinterbliebenen die Nachricht zukommen lässt, dass sie weiterleben und es ihnen gut geht.

Viele klassische Geistergeschichten berichten über Seelen, die von Verwünschungen und Flüchen an den Ort ihres vergangenen Lebens gebunden sind, was Sam bestätigen kann. Er wurde in den vergangenen Jahrzehnten öfter von Geistwesen gebeten, mit diesem oder jenem Menschen Kontakt aufzunehmen, um ihm mitzuteilen, wie sehr sie unter seinen negativen Wünschen zu leiden haben. Dabei können Geister gelegentlich ausgesprochen aufdringlich werden, wie etwa jener, der einige andere grob zur Seite schob und Sam richtiggehend bedrängte, seinen Bruder zu besuchen, mit dem er sich über Jahrzehnte hinweg fürchterlich gestritten hatte. «Sag ihm, was du jetzt eben siehst, und richte ihm meine aufrichtige Bitte um Verzeihung aus. Ich habe schwere Fehler gemacht und werde auch weiterhin die Konsequenzen tragen müssen; aber nur, wenn er seine Flüche gegen mich zurücknimmt, kann ich mich von der Erde lösen und weitergehen.» Einige Tage danach besuchte Sam Hess den Mann und berichtete ihm von seiner Begegnung mit dem verstorbenen Bruder. Es ist für ihn nie leicht, mit solchen Situationen umzugehen, denn eigentlich mischt er sich nicht in die Angelegenheiten anderer Leute ein. Ausserdem würden die meisten Leute erst einmal abweisend reagieren. Die einen, weil sie nicht an solche Dinge glauben, die anderen, weil sie dann gefordert sind, sich ungelösten und oft verdrängten Problemen aus der Vergangenheit zu stellen. In diesem Fall war der Mann bereit, Sam zuzuhören und konnte daraufhin seinem Bruder vergeben. Sein Geistwesen kam einige Tage danach noch einmal auf Sam zu, um ihm für die Vermittlung und seinem Bruder für seine Vergebung zu danken.

Sam versuchte anfänglich, so gut es ging die Rolle des Boten zu übernehmen, musste aber bald einsehen, dass er unmöglich allen verfluchten Geistern helfen kann. Heute macht er sie in der Regel darauf aufmerksam, dass sie sich selbst in diese Lage gebracht hätten und deshalb auch die Lösung selber finden müssen. Falls sie es wirklich wollen, sind sie nach seiner Überzeugung dazu fähig. Allerdings kommen sie dann nicht um schmerzhafte Einsichten herum und müssen ausserdem oft gerade jene, die sie am meisten hassten, um Verzeihung bitten. Die Hemmung vor solchen Einsichten und der damit verbundenen Umkehr ist einer der häufigsten Gründe für die selbstgewählte Gefangenschaft in ihrer qualvollen Lage.

Verdrängte Schuldgefühle bei Beziehungen, sei es zwischen Paaren, Verwandten oder anderen Gemeinschaften, können die Beteiligten gegenseitig binden und sie auch nach dem Tod am Loslassen hindern. Seine Erfahrung mit solchen Fällen veranlasst Sam stets aufs Neue, darauf hinzuweisen, dass es leichter sei, in diesem Leben mit sich und den anderen ins Reine zu kommen als nach dem Verlassen des Körpers. Ähnlich verhält es sich bei Erbschaften, die oft alles andere als glücklich machen. Viele der Begünstigten fühlen sich durch die Hinterlassenschaft verpflichtet, Dinge aufzubewahren, die sie an Geistwesen binden, welche die Verbindung nutzen, um an der Lebenskraft ihrer Erben teilzuhaben. Gar Höllenqualen erleben Geistwesen von erfolgreichen, mächtigen Leuten, die sich nicht von ihrer Hinterlassenschaft trennen können und miterleben müssen, wie ihr Lebenswerk verfällt oder gar zerstört wird. Alles, wofür sie ihr Leben und das anderer geopfert zu haben glaubten, zerrinnt vor ihren Augen wie Sand zwischen den Fingern.

Was können die Menschen tun, um nach dem körperlichen Ableben nicht in solche unheilvollen Situationen zu geraten? Am wichtigsten sei, so Sam Hess, sich stets der eigenen Sterblichkeit bewusst zu sein und entsprechend achtsam zu leben. Wer sich von den Theorien des Materialismus dazu verführen lasse, nach Lust und Laune zu tun und zu lassen, was der eigennützigen Egopersönlichkeit gefällt, könne weder in diesem noch im anderen Leben Erfüllung und Frieden finden.

Wer hat Angst vor Geistern?

Kaum jemand würde sagen, dass er Angst vor Geistern hat, und doch fürchten sich selbst jene Menschen vor ihnen, die nicht an sie glauben, wenn sie nachts allein im Wald oder in menschenleeren Gebieten unterwegs sind. Sam ist überzeugt, dass diese Furcht eigentlich dem Tod gilt. Der Tod steht in unserem Leben wie kaum etwas anderes für das Unbekannte, das uns von Kind an erschreckt und davon abhält, hinzusehen und Neues zu entdecken. Kaum können Kinder krabbeln oder gehen, beginnen sie, ihre räumliche Umgebung zu erforschen. Stossen sie dabei auf etwas Unbekanntes, wenden sie sich instinktiv um und kehren zur Mutter respektive zum Bekannten oder Gewohnten zurück. Aber wie geht man mit der Angst vor dem Unbekannten, wie eben dem Tod und Totengeistern, um?

Als Ziegenhirte hatte Sam viel Zeit, um von diesen klugen Tieren zu lernen, und er verinnerlichte dabei vor allem eines: Wenn Ziegen etwas Unbekanntes sehen, schauen sie es erst einmal gut an, bevor sie reagieren. Da sie sich offensichtlich nicht vor den Geistwesen fürchteten, die gelegentlich zwischen ihnen erschienen, fühlte er sich auch nicht bedroht und schaute hin, wo andere weggelaufen wären. Einer seiner Onkel, auch er ein Bauer, war die Ruhe selbst. Was auch immer geschehen mochte, er bewahrte seine Haltung und sagte stets: «Schauen wir die Situation erst einmal an, bevor wir handeln.» Sein Vater und ein anderer Onkel hatten dagegen einen eher spielerischen Ansatz. Sie versuchten ihm dauernd Angst einzujagen, sei es mit selbst gebastelten Geisterfiguren, die sie in finsteren Ecken des Hofes hinstellten oder mit unheimlichen Geschichten, die sie genussvoll mit schauerlichen Details ausschmückten. Wie er gelernt hatte, schaute er jeweils erst einmal hin. Als zum Beispiel sein Vater eines Nachts nach Hause kam und – bevor er die Familie begrüsste – fragte, ob denn keiner die Leiche vor dem Haus gesehen habe, war Sam der einzige, der sich ein Herz fasste und vor die Türe trat. Natürlich war da nichts, aber weil man sich nie sicher sein konnte, galt es halt erst einmal nachzusehen, was wirklich daran ist.

«Angst macht dumm.» Jürg Jegge

Leider erleben die meisten Kinder das Gegenteil, wird ihnen doch ständig eingeschärft, alles zu meiden, was sie nicht kennen, sowie immer und überall vorsichtig zu sein. Sie lernen dabei aber vor allem, nicht hinzuschauen, zu verdrängen und auszugrenzen. Wer von uns hat in seiner Kindheit nicht immer wieder das Mantra der Ignoranz vernommen: «Tu das nicht, denn es könnte etwas passieren.» Dabei wird die kindliche Neugier, die eigentliche Triebfeder zur Entwicklung der Intelligenz, eingeschränkt, was Aberglaube, Ignoranz und Intoleranz fördert wie kaum etwas anderes. Und dies insbesondere gegenüber unterschiedlich gearteten Menschen.

Neben dem Haus der Familie Hess gab es ein von der Gemeinde unterhaltenes Wohnheim, in dem auch Behinderte lebten. Da Sams Mutter auch ihnen gegenüber stets ein offenes Herz und Ohr hatte, wuchs er mit ihnen auf und entwickelte eine ebenso natürliche Beziehung zu ihnen wie zu allen anderen Dorfbewohnern. Die üblichen Berührungsängste gegenüber solchen Leuten lernte er deshalb nie kennen; er stellte fest, dass jene der «anderen Welt» näher sind als die sogenannten «Normalen». Weil einige von ihnen die Geistwesen wahrnehmen konnten wie er, waren sie ihm sogar näher als fast alle anderen Leute. Ausserdem fürchteten auch sie sich nicht vor allem und jedem, was sie nicht kannten, und schauten offen hin – was sie für ihn zu wichtigen Lehrpersonen werden liess.

Anders als jene versuchen die meisten Leute, Sterben, Tod und Geistwesen zu verdrängen und damit auf Distanz zu halten, was weit weniger beängstigend ist, als wenn man unmittelbar damit konfrontiert wird. Nach den Worten von Sam machen wir uns damit selbst Angst und verleihen ihr in der Vorstellung erst die vermeintliche Wirklichkeit. Die Urangst vor dem körperlichen Tod sei einzig und allein selbst gemacht, bekräftigte er während unserer Gespräche immer wieder. Wenn wir uns aber nicht mehr fürchten und dankbar sind für das, was uns das Leben hier und jetzt schenkt, schwindet die diffuse Angst vor dem Tod und allem anderen Unbekannten. Dann können wir zulassen, was ohnehin Teil des Lebens ist, und erfahren, dass die Angst loszulassen mehr Freiheit, Freude und Leben bedeutet. Es ist deshalb eines von Sams wichtigsten Anliegen, darauf hinzuweisen, dass sich niemand vor dem Tod und vor Totengeistern zu fürchten braucht. Denn nicht alle, die mit Geistwesen konfrontiert werden, können mit dieser erfahrenen Wahrnehmung umgehen. Haben wir dabei Angst, überlassen wir den Geistwesen das Feld, denn Angst schwächt unser Selbstvertrauen und gibt ihnen Gelegenheit, sich auf die eine oder andere Weise aufzudrängen oder sich an uns anzuhängen, und dies oft gänzlich unbemerkt. Sam Hess traf zahlreiche Leute, die Geister als fratzenhafte Dämonen sehen, was nichts anderes sei als die Spiegelung ihrer eigenen Angst, die zur Verwirklichung dessen führt, wovor sie sich fürchten. Die Angst lässt uns alle erstarren wie das sprichwörtliche Kaninchen vor der Schlange, sie überblendet die natürliche menschliche Intelligenz, setzt uns hilflos äusseren Einflüssen aus und verhindert jedes eigenständige Handeln. Wenn sich Menschen fürchten, verkleinert sich ihr Energiefeld, was sich in einem Schwund ihrer Aura zeigt. Diesen energetischen Rückzug nützen aggressive Kräfte aus, um sich durchzusetzen und sich die eigenen Vorteile herauszuholen.

Vertrauen ist für Sam Hess der Schlüssel zum angstfreien Leben. Als er seinerzeit den Geist seines Grossvaters neben der Leiche sitzen sah oder auf der Alp dem ersten fremden Geistwesen begegnete, habe er sich kaum gefürchtet und intuitiv gespürt, dass er mit solchen Dingen umgehen kann. Auch wenn er als Kind nachts allein im Bergwald unterwegs war, hatte er nie Angst, denn er fühlte sich von den Naturwesen beschützt, deren Nähe er stets spürte. Auch die zahlreichen Wildtiere flüchteten nicht, obwohl sie ihn offensichtlich wahrnahmen, denn er bewegte sich ebenso furchtlos und frei wie sie. Damals war ihm noch nicht bewusst, weshalb dies so war, aber mit der Zeit spürte er, «dass da ein Riese hinter mir steht und mich beschützt. Also was soll ich mich da vor Geistern oder was auch immer fürchten?»

Hausreinigungen

Seit Sam Hess seine Hellsichtigkeit nicht mehr verschweigt, wird er oft gebeten, Häuser und Wohnungen von störenden Geistwesen zu befreien. Der Grund dafür ist stets, dass ihre Bewohner «etwas» wahrnehmen, wie etwa die Anwesenheit einer «unsichtbaren Person», unerklärbare Geräusche, oder sich in gewissen Räumen nicht wohlfühlen. Manchmal können die Leute ihre Mitbewohner aus dem Geisterreich sehen oder werden gar von ihnen angegriffen. Wenn er um Hilfe gebeten wird, klärt Sam erst einmal ab, ob die Anrufenden nicht unter psychischen Störungen leiden, denn dafür ist er nicht zuständig und empfiehlt stets eine Behandlung durch Fachkundige.

So wie Gott uns den freien Willen gegeben hat, lasse er jedem Wesen, sei es Mensch oder Totengeist, seinen Willen, lautet einer von Sams Grundsätzen. Er sagt den Geistern, die er bei Hausreinigungen antrifft, bloss, dass sie das Haus verlassen sollen, weil sie dessen jetzige Bewohner stören, überlässt es aber ihnen, wohin sie gehen wollen. Da Geistwesen zeitlos leben und weder frieren noch nass werden, geht es ihnen im Freien genauso gut wie in Häusern. Ausserdem seien sie draussen in guter Gesellschaft, sie sind mit Tieren sowie Naturwesen zusammen und deshalb weit weniger einsam als in ihren oft trübseligen Verstecken.

Trotz der Achtung, die er auch den Verstorbenen entgegenbringt, hat er kein Mitleid mit ihnen, wenn sie die Leute stören und sich von ihrer Lebenskraft «ernähren», was für die Opfer Müdigkeit, Erschöpfung oder gar Krankheiten zur Folge hat. Falls die Geister nicht weichen wollen, erklärt er ihnen erst einmal, dass sie auf dieser Erde keine Ansprüche mehr geltend machen können und die Räume verlassen müssen. Sollten sie weiterhin auf ihrem «Wohnrecht» beharren und sich seiner Aufforderung widersetzen, muss er die Geistwesen schliesslich mit seiner dafür geschulten Willenskraft sowie magischen Formeln und Zeichen aus dem Haus verbannen.

Bei den Hausreinigungen hält er sich an die weit in die Urgeschichte zurückreichende Methode des Räucherns. Dazu verwendet er ein kleines Weihrauchfass, in dem er eine Mischung aus Baumharz und bestimmten Kräutern über einem Stück Holzkohle räuchert. Nur er kennt das Rezept seiner persönlichen Mischung, denn einem anderen würde sie nichts nützen oder gar Unheil bringen. Vor dem reinigenden Rauch seiner Mischung sowie Sams magischen Formeln sind bisher alle Geistwesen zurückgewichen und nicht wiedergekommen.

Da er ohnehin nicht alle Aufträge annehmen kann, empfiehlt er den Betroffenen, ihre Räume erst einmal selbst zu reinigen. Manchmal genüge es schon, dass sie ein Fenster öffnen und das Geistwesen auffordern, nach draussen zu gehen. Wenn dies nicht hilft, rät er, die Quelle der negativen Energie zu erspüren. Oft geht diese von bestimmten Gegenständen aus, die dann entfernt werden müssen. Erst wenn solche Massnahmen nicht erfolgreich waren, greift er persönlich ein. Als Geisterjäger will Sam Hess allerdings nicht gelten, denn er hat nichts gegen Geistwesen, und solange sie niemandem schaden, lässt er sie tun und lassen, was sie wollen.

Die heiltherapeutische Arbeit

Nachdem sich Sam lange dagegen gesträubt hatte, seine Fähigkeiten zu nutzen, um damit anderen Menschen bei ihren Anliegen und Leiden zu helfen, öffnete sich ihm ein neuer Weg. Viele Jahre hatte er sich damit begnügt, dass er einfach sehr vieles sah, was andere nicht wahrnahmen. Nachdem er 28 Jahre alt geworden war, wollte er die ständigen Begegnungen mit Verstorbenen nicht mehr länger ertragen. In einem Kraftakt gelang es ihm schliesslich, diese Kontakte weitgehend abzubrechen. Nun konnte er endlich so leben wie die «normalen» Menschen um ihn herum.

Doch die geistige Welt hatte andere Pläne mit ihm. Nachdem er sich Anfang der 90er-Jahre selbst etwas von der Hektik des Berufes und seiner vielen anderen Aufgaben entlastet hatte, öffnete sich ihm in einer morgendlichen Meditation ein «Fenster» in die Tiefe der Jenseitswelt. Was er sah und erkannte, war wie ein Auftrag, weshalb er daraufhin seine Aufgabe annahm. Wenn auch erst etwas widerwillig, begann er, sich intensiv mit verschiedenen Ansätzen der heiltherapeutischen Arbeit auseinanderzusetzen. Dabei kam auch das «Sehen» zurück und damit die Geister von Verstorbenen.

> *«Am wichtigsten ist, die gewohnten Denk- und Verhaltensmuster aufzulösen, die zum Leiden geführt haben.»*
>
> Sam Hess

Seine Heilarbeit bezeichnet er in erster Linie als Erkennen und Sehen. Menschen, die seine Hilfe in Anspruch nehmen wollen, werden von ihm deshalb intuitiv und sehr individuell behandelt. Es geht ihm darum, den Suchenden Heilung zukommen zu lassen, indem sie lernen, ihren Weg selbst zu erkennen. Am wichtigsten ist, die gewohnten Denk- und Verhaltensmuster aufzulösen, die zu ihrem Leiden geführt haben, damit es ihnen möglich ist, auf diese Weise den «Rückweg» aus ihrer verfahrenen Situation anzutreten. Nur so können sie sich weiterentwickeln respektive echte Heilung erlangen. Dies geschieht zum grössten Teil nicht auf der physischen und körperlichen, sondern auf der psychischen und geistigen Ebene. Wer wieder gesund werden will, kann durch Sams Führung seinen Weg erkennen und muss dann in diese Richtung gehen, bis er von seinen Leiden geheilt ist. Es gilt vor allem, klar zu erkennen, dass durch die eigenen Gedanken enorme Schöpfungskräfte entstehen, durch die das Leben nach seiner eigenen inneren Wahrheit geformt und erfahren wird. Es kommt dem Menschen also wirklich das zu, was er denkt und wonach er handelt; und dies nicht nur im Bereich der Heilung!

Das geistige Heilen wurde Hess gewissermassen in die Wiege gelegt, wie er sagt. Schon als Junge konnte er Kräfte freisetzen, was er in diversen Experimenten ausprobierte, deren Resultate ihn immer wieder selbst erstaunten. Durch seine Fähigkeit, die Aura von Menschen zu sehen, entstehen Bilder, die ihm helfen, Analysen zu erstellen und dadurch die Disharmonien bei Hilfesuchenden anzusprechen. Damit hat er eine wichtige Grundlage für seine therapeutische Arbeit gefunden. Später arbeitete er einerseits mit den ihm gegebenen geistigen Heilenergien und andererseits mit Methoden wie der heiligen Geometrie und verschiedenen anderen Hilfsmitteln, die je nach Einsatz die Kräfte der Energiezentren zum Fliessen bringen sowie die Aura stärken oder sogar erneuern. Dazu gehören auch Heilmeditationen mit Klängen.

Während seiner Tätigkeit als Heiler wurde ihm zunehmend bewusst, dass die Ursache mancher Leidensgeschichten mit Geistwesen zusammenhängt. Weit mehr Menschen, als man glaubt, nehmen die Geister Verstorbener wahr. Die wenigsten können diese «sehen», jedoch begegnen ihm bei seinen Hausreinigungen immer wieder Leute, die solche Fremdwesen deutlich wahrnehmen. Dies geschieht einerseits durch unmittelbares Erkennen oder Erfühlen eines Energiefeldes; andererseits können sich Geistwesen auch als eine gewisse «Raumschwere» bemerkbar machen. Sie zeigt sich darin, dass man einen Raum betritt und sich sogleich unangenehm berührt fühlt. Manche spüren ein mulmiges Gefühl und können nicht in ein bestimmtes Haus eintreten, ohne eine diffuse Angst oder Unruhe zu empfinden. Oft stellt man diese Fremdenergie auch in bestimmten Räumen fest, die selten benutzt werden oder direkt mit einem besonderen Ereignis verbunden sind. So spüren feinfühlige Menschen, ob in einem Raum ein Verbrechen mit Todesfolge geschehen ist. Auch Räume, in denen sich ein Suizid ereignet hat, strahlen diese belastende Energie deutlich aus. Immer wieder höre ich von Menschen, dass sie sich an gewissen Orten im Haus oder in ihrer Wohnung nicht wohlfühlen. Diese Empfindung wird oft von einer beklemmenden Angst begleitet, weil man etwas wahrnimmt, was man nicht kennt. Die Geister verstorbener Menschen haben also eine Ausstrahlung, die wir Lebenden viel stärker wahrnehmen, als uns dies wirklich bewusst ist. Da diese Wahrnehmung immer mit Schwingung zusammenhängt, spielt sich das Ganze sozusagen in unserem Aurafeld ab. Wir spüren deshalb nicht nur einen äusseren Einfluss, sondern bauen durch die eigene Angst verstärkt unbewusst ein Energiefeld auf, das von den Geistwesen als Einfallstor genutzt wird, um so mit uns direkt in Verbindung zu treten. Die Folge davon ist, dass wir meistens ohne unser Wissen selbst zu Energiespendern für die Manifestationen der Geistwesen werden. Es versteht sich von selbst, dass die Folge davon ein Mangel an Lebenskraft ist, was zu den verschiedensten Krankheiten führen kann oder diese zumindest fördert.

Ein weiterer Totenkult

Wer sich nie näher mit den Ereignissen nach dem Tod befasst hat, mag Sam Hess vorwerfen, dem Totenkult Vorschub zu leisten. Weil im Totenkult die Verbindung zu den Geistern Verstorbener gesucht und gepflegt wird, rät er ausdrücklich davon ab. Ob wissentlich oder unwissentlich werden die Seelen auf diese Weise in ihrem vergangenen Leben festgehalten und vom Weg in die Dimensionen der Anderswelt abgehalten. Während einige Anhänger einer Richtung der Magie, die man als «schwarze Magie» bezeichnet, versuchen, sich Totengeister dienstbar zu machen, hindern viele Hinterlassene die Geistwesen ihrer Verwandten oder Nächsten aus falsch verstandener Verehrung, sich von ihren Bindungen zum alten Leben zu lösen.

Sam wurde in einem solchen Fall von einer Frau um Rat gebeten, weil sie sich im Haus ihrer Familie und manchmal auch nachts im Garten nicht mehr wohlfühlte. Als sich herausstellt, dass ausser der Frau und ihrem Ehemann auch die im unteren Stock wohnende Schwiegermutter ein unsichtbares Wesen wahrnimmt, vermutet er hinter dem Spuk eine Familiengeschichte. Es kommt zwar oft vor, dass Geistwesen von gänzlich fremden Personen in Häusern umgehen, aber oft sind es doch solche von nahen Verwandten.

Während Sam Hess das Haus vom Keller bis hinauf zum Estrich räuchert, kann er ausser der das ganze Haus belastenden negativen Energie nichts Aussergewöhnliches bemerken. Als nach der Reinigung auch das Elternpaar und ihre Kinder bestätigen, dass die negative Energie nicht mehr zu spüren sei und sich alle wohler fühlen, glaubt Sam, dass sich die Hausbewohner geirrt haben.

Als man sich dann verabschieden will, meint der Ehemann, er habe das eigenartige Gefühl, dass Sam noch bei seiner Mutter unten vorbeischauen sollte. Als Sam ihre Wohnung betritt, reagiert die alte Frau etwas verwirrt und versteht nicht, was er von ihr will. Nachdem er ihr erklärt hat, es gehe lediglich darum, die Atmosphäre zu reinigen, was sicher niemandem schaden würde, beginnt sie unaufgefordert, von ihrem Mann zu erzählen. Seit seinem Tod vor 16 Jahren lebt sie allein und eher zurückgezogen in der alten Wohnung und zeigt sich offensichtlich erfreut, mit jemandem über ihn sprechen zu können.

Sam hört ihr eine Weile zu und beginnt bald mit der Räucherung der ausgesprochen negativ belasteten Erdgeschosswohnung. Obwohl er sogleich die Anwesenheit eines Geistwesens spürt, bleibt er nach dem Betreten des Schlafzimmers doch staunend stehen. Der verstorbene Ehemann, dessen Fotos überall in der Wohnung an den Wänden hängen, sitzt seelenruhig auf dem Bett seiner Frau. Neben ihm hängt ein Gemälde mit seinem Portrait und auf der Kommode darunter brennt eine grosse Kerze. ‹Schon wieder ein Totenkult›, denkt Sam und erwartet, dass der Mann Widerstand leistet, doch zu seiner Überraschung kann er mit ihm sofort Kontakt aufnehmen. Als dieser vernimmt, dass er nun seinen Weg gehen könne und seine neue Aufgabe wahrnehmen solle, wie dies auch für seine Frau gelte, reagiert er erst sichtlich erleichtert. Doch dann fällt er in seine Gewohnheit zurück und glaubt, weiterhin nach seiner Frau schauen zu müssen. Sam gelingt es aber bald, ihn davon zu überzeugen, dass dies nicht länger notwendig sei und er damit zudem die für beide hinderliche Bindung aufrechterhalte.

Kaum hat Sam Hess das Fenster geöffnet, um das Zimmer zu räuchern, ist das Geistwesen auf einmal nicht mehr zu sehen. Im Wohnzimmer geht er noch einmal mit dem Räuchergefäss um die alte Frau auf ihrem Sessel herum und erklärt ihr eindringlich, dass sie die Kerze unter dem Bild ihres verstorbenen Mannes nicht mehr brennen lassen solle. Er sei nun auf seinem Weg, auf dem sie ihn mit liebevollen Gedanken begleiten könne, aber nicht mehr festhalten dürfe wie bisher. Natürlich fällt es ihr nach all den Jahren nicht leicht, nun einfach so loszulassen. Als Sam schildert, wie froh ihr Mann war, als er vernahm, endlich gehen zu können, und ihr versichert, dass wahre Liebende nach ihrem körperlichen Tod wieder zusammen sein werden, lenkt sie ein und flüstert: «Nun denn, so soll es in Gottes Namen sein.»

Hat sie in all den Jahren bloss so getan, als hätte der Spuk nichts mit dem Kult um ihren verstorbenen Mann zu tun, oder wusste sie wirklich nicht, dass sie ihn damit zurückhielt? Wie dem auch sei, sie hielt ihr Wort. Einige Wochen nach seinem Besuch berichtete ihre Schwiegertochter Sam, dass die bedrückende Stimmung im Haus endgültig verschwunden sei und sich die oft schwierige Beziehung zwischen den Hausbewohnern zum Guten verändert habe.

Selbsttötung

Anlässlich eines Hausbesuchs in einer kleinen ländlichen Siedlung von Einfamilienhäusern berichtet die Bewohnerin von seltsamen Geräuschen, die sie regelmässig vom Dachboden her höre. Sie sei seit Jahren nicht mehr oben gewesen, denn jedes Mal, wenn sie sich dem Eingang nähere, werde sie von einem ausgesprochen unangenehmen Gefühl erfasst. Auch in der Wohnung spüre sie die Gegenwart eines Wesens, obwohl niemand zu sehen sei. Sam beginnt wie üblich im Keller mit dem Räuchern der Räume und stösst schliesslich in einem der Schlafzimmer auf das Geistwesen einer Frau. Jene sitzt schweigend auf dem Bett der Hausbewohnerin und schwebt auf Sams Aufforderung, das Haus zu verlassen, durch das Zimmer und verschwindet, als hätte sie darauf gewartet. Nach dem Räuchern der restlichen Wohnräume öffnet Sam die Luke des Dachbodens und steigt auf einer knarrenden Roll-Leiter hinauf. Bereits nach den ersten Stufen spürt er eine aussergewöhnliche Energie und sieht oben angekommen auf dem Holzboden eine riesig grosse Spinne vor ihm kauern. Als sich seine Augen auf das düstere Licht eingestellt hatten, entpuppt sich das Tier als eine Kinderbastelei. Und doch scheint ihr eine besondere Bedeutung zuzukommen, wie sich später herausstellen sollte.

Der bloss vom spärlich durch zwei kleine Fenster einfallenden Tageslicht beleuchtete Dachboden wirkt grau und düster. Er ist mit Kisten und alten Gebrauchsgegenständen wie Kinderwagen, Matratzen oder Spielzeug von längst dem Kindesalter entwachsenen Hausbewohnern vollgestopft. Langsam bewegt sich Sam mit dem Weihrauchgefäss in der Hand durch den unübersichtlichen Raum und schaut sich aufmerksam um, als sein Blick von einer am Kamin stehenden alten Gartenbank angezogen wird. Nachdem er einige Schritte auf sie zugegangen ist, sieht er eine dunkle Gestalt auf ihr sitzen, die sich bei näherer Betrachtung als Mann erweist. Seiner Bekleidung nach zu schliessen, lebte er im 19. Jahrhundert, also müsste sein Geist demnach schon lange hier umgehen. Sam wundert sich erst über das hohe Alter des Geistwesens, wurde das Haus doch erst Mitte des 20. Jahrhunderts gebaut. Als er versucht, mit dem Mann Kontakt aufzunehmen, zeigt er keine Reaktion und starrt mit leerem, kaltem Blick vor sich hin. Sam spürt, dass das Altwesen Hilfe sucht und die Erde eigentlich verlassen will. Nachdem er ein Gebet gesprochen und etwas Weihrauch in seine Richtung geblasen hat, zeichnet Sam einige magische Zeichen in die Luft, wie sie auf die eine oder andere Art in allen Kulturen verwendet werden und nach seiner Erfahrung in solchen Situationen auch wirken. Jeder, der mit Geistwesen arbeitet, hat seine eigenen Methoden, um sich vor ihnen zu schützen oder, wie in diesem Fall, ihnen das Loslassen zu erleichtern.

Nun scheint die Gestalt Sam wahrzunehmen, denn sie steht plötzlich auf und poltert Kisten und Schachteln umstossend auf die Fenster zu. Für einen Augenblick klingt es, als würde jemand fürchterlich fluchen, dann ist es plötzlich ganz ruhig. Offenbar hat der Mann den Dachboden verlassen. Obwohl Sam einiges gewohnt ist, bleibt er seltsam berührt stehen und fragt sich, welches dunkle Schicksal wohl hinter dieser Gestalt stecke. Während er nachsinnt, dass das Alter der Kleidung nicht mit jenem des Hauses übereinstimmt, steigen vor seinem inneren Auge Bilder auf, die weder mit der Situation übereinstimmen noch einen Sinn ergeben.

Nachdem er den Dachboden noch einmal sorgfältig geräuchert hat, steigt Sam Hess vom Dachboden hinunter und berichtet der Hausbesitzerin, was er gesehen hat. Sie bestätigt ihm, dass die polternden und krachenden Geräusche tatsächlich wie Schritte oder wie herunterfallende oder umgestossene Kisten und Schachteln klangen. Während des Gesprächs blüht die Frau sichtlich auf. Offenbar hatte ihr der Spuk stärker zugesetzt, als sie sich bewusst gewesen war. Erleichtert und froh, die Geister los zu sein, bietet sie Tee und Gebäck an; das dunkle Altwesen beschäftigt Sam jedoch so stark, dass er der Geschichte sogleich auf den Grund gehen will. Auf Anraten seiner Klientin besucht Sam die alte Bäuerin des etwas oberhalb der Siedlung gelegenen Hofes. Auf die Frage, wie das Land vor der Überbauung genutzt worden sei, kommt sie auf einen alten, grossen Birnbaum zu sprechen. Einer ihrer Onkel habe sich vor über hundert Jahren an ihm erhängt. Nun ergeben die Bilder, die er auf dem Dachboden «gesehen» hat, einen Sinn, und er versteht, weshalb das Altwesen den Ort nicht verlassen konnte. Nachdem der Baum gefällt wurde und das Haus fertiggestellt war, zog es sich einfach auf dessen Dachboden zurück und polterte in seinem schmerzerfüllten Zorn über seine sinnlose Tat gelegentlich hemmungslos herum.

Sam hat oft erlebt, dass Geister von Leuten, die sich selbst umgebracht haben, ausgesprochen einsam und besonders stark an den Ort ihrer Tat gebunden sind. Selbst wenn sich dieser wie hier stark verändert hat, bleiben sie an ihn gebunden und gehen aussergewöhnlich lange als Geister um. Nach einem zweiten Rundgang durch Haus und Garten versichert sich Sam, dass das Altwesen weggegangen ist, aber ob es die Erde verlassen konnte oder noch hier ist, kann er nicht feststellen.

Offenbar fällt es Selbstmördern sehr schwer, mit sich ins Reine zu kommen, was sie länger als andere Geistwesen an ihr vergangenes Leben bindet, aber auch für sie gibt es nach Sams Sicht der Dinge keine ewige Verdammnis. Wie die Geschichte mit dem Spanier bei der Brücke zeigt, können sie unter gewissen Umständen und mit Hilfe jenseitiger Verwandter oder Hilfsgeister trotzdem gleich in die Anderswelt hinüberwechseln.

Ein sterbendes Mädchen

Sam kam während unserer Zusammenarbeit mehrmals darauf zu sprechen, wie oft er im Vergleich zu anderen Menschen in Situationen geriet, die unmittelbar mit dem körperlichen Tod verbunden waren. In einigen wenigen Fällen konnte er als Retter in der Not Leben retten, aber meistens musste er zusehen, wie ihr Geist den Körper verliess. Einer der vielen Fälle lässt ihn trotz seiner grossen Erfahrung noch heute nicht los:

An einem frühen Morgen im Mai ist er auf dem Weg zu seinem Forstrevier auf einer Landstrasse unterwegs. Nach einer Kurve erkennt er vor sich ein stehendes Auto mit geöffneter Fahrertür. Sam lässt den Wagen langsam ausrollen, hält ihn einige Meter vor dem anderen an und schaltet die Warnblinker ein.

Einer der beiden Scheinwerfer des offensichtlich verunfallten Autos wirft ein fahles Licht auf die Nebelschwaden am Waldrand und beleuchtet eine gespenstische Szene. Der Fahrer hatte offensichtlich die Kurve verfehlt und dabei einen Zaunpfahl gerammt. Einige Meter neben dem Wagen irrt ein junger Mann völlig verwirrt im Kreis herum und murmelt unverständliche Satzfetzen. Sam realisiert sogleich, dass er einen schweren Schock erlebt haben muss und eilt zum Unfallwagen. Obwohl er einiges gewohnt ist, stockt ihm bei dem schauerlichen Anblick der Atem. Der Zaunpfahl ist durch den Motorraum hindurch ins Wageninnere gedrungen und hat sich in der Herzgegend durch den Körper einer jungen Frau in die Rückenlehne ihres Sitzes gebohrt.

Als erfahrener Sanitäter und Feuerwehrmann sieht er auf den ersten Blick, dass er hier nicht helfen kann, und wendet sich zu dem Mann um. Dort steht mittlerweile ein zweiter, etwas älterer, und versucht ihn zu beruhigen. Wie sich herausstellt, ist er der Bauer des nahen Hofes und hat, nachdem er den Aufprall des Wagens hörte, die Ambulanz alarmiert. Während Sam den jungen Mann davon abhält, auf der unübersichtlichen Strasse herumzuirren, geht der Bauer zum Unfallauto, wirft einen kurzen Blick ins Innere, weicht einige Schritte zurück und muss sich übergeben. Als er sich etwas erholt hat, bittet Sam ihn, nach dem Herumirrenden zu schauen und öffnet die Beifahrertüre. Der stossweise atmenden Frau tritt blutiger Schaum aus dem Mund, ein Zeichen, das Sam nur allzu gut versteht. Völlig ruhig, wie er sich in solchen Situationen stets verhält, versucht er abzuwägen, wie der Schwerverletzten geholfen werden könnte. Der Holzpfahl ragt noch gut zwanzig Zentimeter aus der Rücklehne heraus und hat den jungen Körper buchstäblich festgenagelt. Während er fieberhaft überlegt, wie er sie aus der fatalen Situation befreien könnte, sieht er, wie das Licht ihrer Aura immer schwächer wird, und realisiert, dass er einmal mehr erlebt, wie ein Mensch stirbt. Am ganzen Körper frierend erklärt Sam Hess der Frau, dass er alles tun werde, um ihr zu helfen, aber sie sich darauf vorbereiten müsse, bald den Körper zu verlassen. Danach bittet er alle Engel, die ihn hören, sie mit all ihrer Kraft zu unterstützen.

Einige Meter daneben hält der Bauer den nach wie vor völlig schockiert vor sich hin stammelnden jungen Mann in den Armen, um ihn am Weglaufen zu hindern. Nach einigen, unendlich lange erscheinenden Minuten fährt ein Arzt vor und unmittelbar nach ihm zwei Polizisten. Während diese erst einmal die Unfallstelle sichern, kniet der Arzt neben Sam, der konzentriert und leise zu der sterbenden Frau spricht, und murmelt trotz der hoffnungslos erscheinenden Situation: «Wir müssen sie so schnell wie möglich vom Sitz lösen.» Als Sam ihn verständnislos anschaut, fragt der Arzt, ob er so etwas wie eine Säge bei sich habe. «Ja, in meinem Wagen ist eine Motorsäge», antwortet er, «aber der Einsatz dieses schweren Gerätes ist wegen der starken Vibration wohl unmöglich.» «Wir haben keine Wahl», wendet der Arzt etwas unwirsch ein, «sie muss vom Sitz befreit werden, sonst können wir sie nicht in ein Krankhaus überführen. Die Lage ist wirklich sehr schwierig, aber wir müssen alles tun, was noch möglich ist.»

Als Sam mit seiner Kettensäge zurückkehrt, hat der Arzt der Schwerverletzten ein Schmerzmittel gespritzt und schlägt vor, den Zaunpfahl erst einmal vor dem Körper durchzutrennen. Mit einer schweren Kettensäge wenige Zentimeter vor dem Herzen eines Menschen ein Stück Holz entzweizusägen ist mit Abstand die schwierigste Arbeit, die Sam jemals ausgeführt hat. Einer der Polizisten hält den Pfahl mit beiden Händen fest, um die Vibration zumindest etwas zu dämpfen. Nachdem dieser Teil der Arbeit gelungen ist, machen sich die Männer bereit, die Frau aus dem Sitz heraus zu hieven. Sie atmet noch immer, doch Sam erkennt an ihrer Aura, dass ihre Lebenskraft stark abgenommen hat; aber sie haben keine andere Wahl, als den Körper samt dem Holzstück so sanft wie möglich aus dem Sitz zu befreien.

Kaum haben sie die Frau in Seitenlage auf eine Decke gebettet, trifft die Ambulanz ein. Noch während die Sanitäter sie für den Transport ins Spital sorgfältig auf die Bahre betten, erkennt Sam, wie sich ihr Geist vom materiellen Körper zu lösen beginnt. Kniend flüstert er ihr tröstende Worte ins Ohr und versichert, dass gleich helfende Geister aus der Lichtwelt kommen werden, um sie auf ihrem Weg zu begleiten. Kaum hat er geendet, tritt die Seele der Frau vollends aus dem Körper aus und steht als wunderbares Lichtwesen mit einem strahlenden Lächeln neben ihm. Ob der plötzlichen Verwandlung muss er sich erst einmal neu orientieren. Es ist zwar eindeutig die verunfallte junge Frau, sie hat aber eine andere Gestalt angenommen. Von ihrem reifen Wesen und ihrer spirituellen Ausstrahlung beeindruckt, erscheint es ihm, als wolle sie den Anwesenden zeigen, wie wenig die Menschen über das wirkliche Leben wissen. So wie sie dasteht, fühlt Sam Hess trotz der ernsthaften Situation eine tiefe Freude und Dankbarkeit. Während er versucht, seine Gefühle zu ordnen, tritt sie ein wenig von der Bahre mit ihrem toten Körper weg, hebt die Hand wie zum Gruss und löst sich in Nichts auf.

Als Sam ein zum Himmel gerichtetes Kreuz in die Luft zeichnet, sagt der Arzt: «Ja, sie ist tot. Vielen Dank für Ihre mutige Hilfe. Leider bestand bei dieser schweren Verletzung wirklich keine Chance mehr.» ‹Tot! Wenn der wüsste›, denkt Sam und schweigt. Währenddessen haben die Sanitäter die Bahre in ihrem Fahrzeug verstaut und sind bald hinter der nächsten Strassenbiegung verschwunden. Der Arzt kümmert sich bereits um den jungen Mann, während Sam Hess der Polizei zu Protokoll gibt, was er vom Unfall gesehen hat.

Kurz danach beginnt er mit einem seltsamen Gefühl und einer Flut von Bildern vor seinem inneren Auge mit der Arbeit. Er wird von diesem Tag an das strahlende Wesen stets in Erinnerung behalten und jedes Mal, wenn er an den Augenblick ihrer lichtvollen Erscheinung denkt, von einer liebevollen Kraft berührt werden.

Während die Geistwesen von Unfallopfern meistens noch eine Weile nicht verstehen, was geschehen ist, schien diese junge Frau geradezu auf die Situation vorbereitet gewesen zu sein. Wie sagt doch Sam: «Wir bestimmen mit unseren Gedanken und unserem Verhalten, was uns in diesem Leben und auch danach begegnen wird.»

Im Tal der Seelen

Einmal besuchen Sam, seine Partnerin Vreni und ich das Maderanertal, das von älteren Einheimischen noch heute das «Tal der Seelen» genannt wird. – Weshalb es zu diesem Namen kam, konnten weder Sam noch ich in Erfahrung bringen. – Als wir vom letzten Dorf am Wildbach entlang aufwärts wandern, werde ich bald von dem ausserordentlich intensiven Kraftfeld des engen Bergtals überrascht. Über die hohen, stark strahlenden Gneisfelsen schiessen ein gutes Dutzend Wasserfälle in die Tiefe und sättigen zusammen mit dem schäumenden Bach die Luft mit anregenden lonen. Kein Wunder, dass uns in dieser Jungbrunnenatmosphäre das Gehen trotz der steten Steigung so leichtfällt.

Etwa nach der Hälfte des Weges erreichen wir das auf einem kraftvollen, dem Berghang vorgelagerten kleinen Hügel stehende, romantische Berggasthaus. Es wurde Ende des 19. Jahrhunderts von Gästen aus England besucht, für die ganz oben auf der Kuppe eine anglikanische Kapelle erstellt wurde. Von mächtigen Kiefern und Ahornbäumen umgeben, strahlt jene die schlichte Würde eines zeitlosen Ortes der Besinnung aus. Dies liegt einerseits am intensiven Energiefeld des Tals, das auf der Hügelkuppe zu einem hoch schwingenden Kraftort fokussiert ist; andererseits ist die Atmosphäre von einer herzberührenden Stimmung erfüllt, die nicht von dieser Welt ist. Sie erinnert mich an die Schwingung urgeschichtlicher Hügel-Heiligtümer, wie man sie im Alpenraum überall findet. Auch nach der Einführung des Christentums hielten die Sennerinnen und Sennen weiterhin dort auf ihre Weise Andacht und führten damit die Tradition der Hingabe an das Göttliche fort.

Sam und Vreni stellen sich im Inneren der Kapelle auf beiden Seiten des kleinen Chors auf, stimmen sich summend aufeinander ein und beginnen einen wunderschönen alten Engelberger Naturjodel. Ich höre ihnen mit geschlossenen Augen zu, spüre, wie ihr Gesang die Luft zum Vibrieren bringt und die spirituelle Atmosphäre der Kapelle belebt, als wären wir unter vielen anderen. Mit ihrem uralten, von den natürlichen Klängen der Berge geprägten Lied feiern sie den Pfingstsonntag auf eine ergreifende zeitlose Weise und zaubern eine Aura von strahlenden Farben in den eher nüchternen Raum. Kaum ist der letzte Ton verklungen, schlägt die kleine Kapellenglocke elf Uhr, als würde sie dem Alpengebet ihr Amen hinzufügen.

Nachdem wir eine Weile im Gestühl sitzend dem fröhlichen Chorgesang der Vögel zugehört haben, erzählt Sam wie nebenbei vom Geist einer alten Frau, die er schon bei vorangegangenen Besuchen hier gesehen habe. Sie sei offenbar vor langer Zeit verstorben und sitze stets auf dem Stuhl neben dem kleinen Altar. Der

Zufall will es, dass der Stuhl von einem Strahl des durch ein kleines Fensterchen einfallenden Sonnenlichts beleuchtet wird. Zwar kann ich kein Wesen erkennen, empfinde aber eine tiefe Achtung, als würde ich einer alten weisen Berglerin begegnen.

Im Jahr zuvor sass Sam im Gasthaus mit einem Einheimischen zusammen und erwähnte dabei wie beiläufig die Geistfrau. Als Bergler hatte er erkannt, dass der Mann ein Gespür für Aussersinnliches hat, und war neugierig, was er dazu sagen würde. Sam hatte sich nicht geirrt, denn sein Gesprächspartner war keineswegs überrascht und fragte sogleich nach dem Aussehen des Geistwesens. Nach einer kurzen Beschreibung ihrer Gestalt und Kleidung sagte der Mann betroffen zu Sam, er habe eben eine alte Talbewohnerin beschrieben, die bis zu ihrem Tod über Jahrzehnte die Alpsommer hier oben verbracht habe. «Wenn ich einmal sterbe», pflegte sie stets zu sagen, «dann will ich für immer hier oben bleiben.» Wie sagt doch Sam: «Unsere innigsten Wünsche bestimmen das Leben auch nach dem Tod.» Irgendwann einmal wird auch sie sich von diesem idyllischen Flecken Erde verabschieden müssen und weitergehen, aber heute hat sie die spontane Pfingstfeier sicher ebenso genossen wie ich.

Nach einem sonnigen Wander- und Wundertag zweigen wir dann auf dem Rückweg auf einen Pfad ab, um ein kleines, einige hundert Meter vom Berghaus entferntes Waldseelein zu besuchen. Während eines mitternächtlichen Besuches hatte Sam dort einmal erlebt, wie eine Schar Totengeister vom Berg her kommend feierlich über den stillen See gezogen ist und danach im Wald verschwand.

Auf der Geländerippe oberhalb der kleinen Senke verändert sich meine Wahrnehmung spürbar. Im intensiven Kraftfeld des Maderanertals klingt nun eine mystische Schwingung mit, die mich an Sagenwesen denken lässt. Am Grund der Senke angekommen, taucht man vollends in eine fremde und zugleich vertraute Welt ein. Vor uns liegt der rundum in die mit mächtigen Kiefern bestandenen Abhänge eingebettete, kleine See. Er wird von einem Bächlein gespeist, hat aber keinen oberirdischen Abfluss, weshalb seine Oberfläche ruhig wie die Ewigkeit und glatt wie ein Spiegel wirkt. Seine romantische Ausstrahlung, die umgebenden, von der Natur mit fantasievollen Skulpturen von Steingeistern geschmückten Felsbänder, eine geheimnisvolle Höhle sowie die spürbare Kraft der prächtigen Bergfichten versetzen uns in eine andere Welt. Aber auch hier liegt die Magie des Ortes zweifellos nicht nur in der äusseren Ausstattung, so beeindruckend diese auch ist. Wir bleiben denn auch erst einmal staunend und still stehen – wie man dies etwa in der Kathedrale von Chartres tut. Diese «Kathedrale» hier wurde jedoch nicht von Menschenhand erbaut und reicht weit höher in den wie ein Baldachin über den Fichtensäulen gewölbten Himmel.

Nach einer gefühlten Ewigkeit steigen Sam und Vreni auf die bemooste Felsplatte neben einer Höhle und beginnen zu jodeln, dass es himmlisch von den Felsen hallt und die Atmosphäre in der natürlichen Seemulde mit einer besinnlichen Freude erfüllt wird. Erstaunlich, wie sich dabei die natürliche Umgebung erneut verändert, als hätte sie sich noch feierlicher zurechtgemacht. Während Vreni am Ufer unten Wasserspiegelungen fotografiert, betrachten Sam und ich die unergründlich ruhige Wasserfläche und mutmassen, was wohl Totengeister dazu bewegt, an solchen Orten umzugehen. Heute kann er keine wahrnehmen, aber mir scheint, als wären ausser uns noch andere Wesen in der Nähe. Wie ich den Blick in der Umgebung umhergleiten lasse und dabei den Kopf nach rechts wende, schauen mir zwei unmittelbar neben uns stehende Gämsen aufmerksam in die Augen. Sam hat die beiden ebenfalls gespürt, und so betrachten wir vier uns für einige magische Momente gegenseitig, bevor die Tiere gemächlich davontänzeln und im Wald verschwinden.

Wer oft allein in der unberührten Natur unterwegs ist, kennt solche innigen Begegnungen mit Wildtieren. Die scheuen Gämsen halten allerdings gewöhnlich wesentlich mehr Abstand zu Menschen als etwa Hirsche, Rehe oder Steinböcke. Aber angesichts der unbeschreiblichen Stimmung dachte ich nicht weiter darüber nach. Sam erlebte diese Nähe zu Gämsen schon als Kind auf der Alp, wenn Gämsen am Abend gelegentlich um die Hütte herum weideten. Auch später erhielt er als Förster während seiner Arbeit im Wald immer wieder Besuch von Gämsen. Wenn man mit sich und der Natur eins ist, gelten andere Gesetze als die der physischen Welt. Dann sind Tiere eigenständige, achtenswerte Persönlichkeiten und entgegen ihrem uralten Fluchtreflex zutraulich wie Hoftiere.

Möglich, dass er und Vreni, die sah, wie die Tiere neben uns standen, auf dem restlichen Weg deshalb kein Wort darüber verlieren. Aber möglicherweise mag niemand darüber sprechen, weil weder Gedanken noch Worte die Magie solcher Momente zu fassen vermögen und sie nur banalisieren.

Erst als ich allein im Zug auf dem Heimweg Richtung Berner Alpen fahre, sehe ich wieder das Bild der beiden aufmerksam blickenden Tiere vor mir und habe dabei das Gefühl, dass mich jemand anderes durch die Augen der Gämsen betrachtet hatte. Gewiss waren sie wegen Sams Liebe und Respekt für Tiere weniger scheu, denn sie spüren genau, welchen Menschen sie trauen können. Sicher hatte sie auch das Jodellied angezogen, weiss man in den Bergen doch gut, wie zutraulich das scheue Wild auf Naturklänge reagiert. Und doch lässt mich die Begegnung nicht mehr los.

Einige Tage später spreche ich Sam während eines Arbeitstreffens auf die beiden Gämsen an. Er sagt, dass nach seiner Erfahrung Totengeister nicht die Form von Tieren annehmen können, wie es Naturwesen gelegentlich tun. Aber Menschenseelen, die als Tiere wiedergeboren wurden, könnten unter Umständen mit den nicht verkörperten Geistwesen kommunizieren. Möglicherweise wollten die Gämsen auf diese Weise unsere Vermutung bestätigen, dass der Name «Tal der Seelen» darauf hinweist, dass das Maderanertal eine Zwischenwelt für Verstorbene ist. Hinweise auf solche «Sonderhöllen» findet man überall in Europa. So sollen im wilden Bachgraben der «Sonderhölle» Skaläratobel bei der Stadt Chur oder im Illgraben bei Leuk die Seelen von Einheimischen für kürzere oder längere Zeit umgehen, bis sie den Weg in die

Anderswelt finden. Beide Gräben strahlen ein ähnlich hohes und mystisches Energiefeld aus wie unsere kleine Waldsenke. Die Schwingungen solcher aussergewöhnlicher Kraftorte können dem Geist unvoreingenommener Menschen den Zugang zu spirituellen Dimensionen erleichtern. Offenbar schätzen auch gewisse Geistwesen die Kraftfelder solcher Orte und verhalten sich in dieser Hinsicht wie Naturgeister, die ebenfalls kraftvolle Landschaften und Orte bevorzugen. Ihre Schwingungsfelder scheinen grundsätzlich den Geist anzuregen – sei es jener von Menschenwesen, Geistwesen oder Naturwesen.

Eine seltsame Begegnung im Schwarzwald

Auf einer Wanderung durch den Schwarzwald ist Sam Hess in einem grossen Waldstück auf einem der vielen Hügelrücken unterwegs. Die Sonne ist längst hinter den hohen Fichten verschwunden und die Nebelschwaden werden zunehmend dichter. Zu seinem Ärger hat er die Wanderkarte irgendwo liegen gelassen und im unübersichtlichen Gelände längst die Orientierung verloren. In der Hoffnung, auf eine Ortschaft mit Bus- oder Bahnstation zu stossen, folgt er dem stark überwachsenen Weg, den er wegen der zunehmenden Dunkelheit und dem Nebel kaum noch erkennen kann. Endlich erreicht er eine Wegzweigung! Aber soll er nun nach Norden oder Westen gehen? Das einzige, was er sicher weiss, ist bloss, dass sein Ziel noch ziemlich weit entfernt ist. Während er sich überlegt, in welche Richtung er sich wenden soll, kommt eine Gestalt auf ihn zu, die er bald als junge Frau erkennt. Er ist zwar erleichtert, endlich jemanden nach dem Weg fragen zu können, spürt aber gleichzeitig, dass es sich um einen besonderen Menschen handeln muss. Offenbar weiss sie um seine Notlage und rät ohne Umschweife, nach Westen zu gehen, wo er bald ein Dorf erreichen werde. Die Bushaltestelle sei nicht leicht zu finden, aber wenn er im Gasthaus hinter dem Dorfrand einkehre, würde die Wirtin den Weg gerne erklären. Sam dankt der Frau für die Information und schaut kurz in die angegebene Richtung. Als er sich wieder nach ihr umdreht, ist sie spurlos verschwunden, als hätte sie sich im Nebel aufgelöst. Erst wundert er sich schon etwas, dass eine junge Frau allein zu später Stunde im nebelverhangenen Wald unterwegs ist, und fragt sich dann, weshalb er bei ihrem Anblick ein seltsames Gefühl hatte. Wie ein Geistwesen sah sie auf jeden Fall nicht aus.

Glücklich, nach einer halben Stunde das Dorf erreicht zu haben, beschliesst er, im Gasthaus einzukehren, obwohl er etwas weiter vorn die Bushaltestelle erkennen kann. Als er die schwere Holztür öffnet, erinnert er sich an den eindringlichen Ton, mit dem ihn die junge Frau dazu aufgefordert hatte. Ausser der Wirtin, die sich nach dem Woher und Wohin fragend zu Sam setzt, ist niemand anderes in der Gaststube. Im Gespräch kommt er auf die Begegnung mit der jungen Frau zu sprechen, worauf sich auch die Wirtin wundert, wer denn um diese Zeit noch unterwegs gewesen sein könnte. Als er ihr Aussehen beschreibt, erbleicht die Wirtin und geht wortlos in den Nebenraum. Als sie zurückkommt, legt sie ein gerahmtes Foto auf den Tisch. «Genau diese Frau war es», sagt Sam erstaunt, woraufhin die Wirtin fassungslos auf den Stuhl sinkt und wie verwirrt fragt, wie es denn sein könne, dass er ihre vor vier Monaten verstorbene Tochter gesehen habe?

Nun ist es an Sam, sich zu äussern. Während er erklärt, dass solche Begegnungen immer wieder und überall vorkommen und er seit Jahrzehnten persönlich erlebe, wie die Geister verstorbener Menschen oft noch eine Weile umgehen, kann sich die Wirtin wieder etwas fassen. «So wie Ihre Tochter mir als fremdem Wanderer, der sich in Nebel und Dunkelheit verirrt hatte, den Weg ins Dorf gewiesen hat», versichert Sam der Wirtin, «so wird jemand ihr den Weg in jene Welt zeigen, wo sie ihren Frieden findet.» Trotz ihrer Ergriffenheit erinnert die Wirtin Sam daran, dass in wenigen Minuten der letzte Bus in die Stadt abfahren werde und begleitet ihn dann zur nahen Haltestelle.

Auch wenn die Begegnung im Nebel des Schwarzwalds nun schon eine Weile zurückliege, bewege ihn die Erinnerung stets aufs Neue. Als damals die Frau auf ihn zukam, habe er irgendwie gespürt, dass dies kein Zufall war. Welche schicksalhafte Verknüpfung hinter der Begegnung stecke, könne auch er nicht ergründen, sagt er während unseres Gesprächs nachdenklich. «Wahrscheinlich war es uns einfach vorgegeben, uns gegenseitig zu helfen.» Sam fand zu einer Haltestelle, und die junge Frau konnte ihrer Familie die Botschaft zukommen lassen, dass es ihr gut gehe und gleichzeitig noch letzte Grüsse ausrichten.

Geistwesen nehmen Hellsichtige wahr, und weil sie in unserer Welt nicht selbst wirken können, versuchen sie, diese auf die eine oder andere Weise als Mittler einzusetzen. Möglicherweise fand sie ihren Weg in die Anderswelt im selben Augenblick, als Sam ihrer Mutter versichern konnte, dass ihre Tochter nicht tot ist, sondern in einer anderen Dimension weiterlebt.

Helfende Geister

Karl Adolf Laubscher, von dem in der Einleitung die Rede war, hütet sein Werk von zahlreichen Bildern, Büchern und handschriftlichen Aufzeichnungen. Er scheint ausser dem Bedürfnis, sich noch eine Weile für seine Ideale einzusetzen, keine andere Motivation zum Verharren zu haben. Aus Sorge um die Erhaltung der Landschaften, Pflanzen und Tiere will er offenbar noch dafür sorgen, dass die Zeugnisse seines kreativen Engagements für die Natur nicht vergessen werden. Seit ich gewissermassen neben ihm sitzend am Manuskript dieses Buches arbeite, scheint mir, dass er in der Zwischenwelt auf diese Weise weiterhin für seine Ideale wirken will.

So wie Karl Laubscher wollen sich nach Sams Ansicht viele andere Geistwesen weiterhin auf ihre Weise engagieren. Im Fall von Laubscher hat die Zerstörung der Natur seit seinem Tod noch gewaltig zugenommen. Und dies, obwohl mittlerweile allen intelligenten Leuten klar geworden sein müsste, dass die Menschen so die Lebensgrundlage aller Bewohner dieser Erde zerstören. Möglicherweise hat er sich bis zur Wende dieses unheilvollen Trends zum Bleiben entschlossen.

Vor einigen Jahren sollte eine schöne Weidelandschaft überbaut werden, die einst einem von Sams verstorbenen Nachbarn gehört hatte. Schon schien der Widerstand jener Bürger gebrochen, die das naturnahe Gebiet erhalten wollten, als ein gewaltiges Unwetter ins Tal zog und die Weide in einen Sturzbach verwandelte. Weder die ältesten Dorfbewohner noch die Gemeindedokumente wussten von einem derartigen Ereignis an dieser Stelle zu berichten. Sam ist überzeugt, dass der einstige Besitzer und Bewirtschafter aus der anderen Welt gewirkt hat, indem er womöglich mit Hilfe anderer Geistwesen das Wasser auf seine Wiese lenkte, damit alle begreifen, dass nicht alles überbaut werden kann.

Weltweit berichten Sagen über helfende Geistwesen. Eine davon erzählt von dem Kuhhirten vom Bergbauernhof Walenhaus in der Nähe des bekannten Ortes Guggisberg in den Berner Voralpen. Ihm soll es dort derart gut gefallen haben, dass er für keine Reichtümer der Welt sein Land verlassen hätte. Niemand kannte sich so gut mit Pflanzen und Tieren aus wie er, der auch die Zeichen der Natur zu lesen vermochte wie kein anderer. «Wenn mein letztes Stündlein geschlagen hat», pflegte er zu sagen, «dann begehre ich nicht, in den Himmel zu kommen. Hier an diesem Berg möchte ich auf alle Ewigkeit bleiben.» Als er dann seinen Körper verlassen hatte, ging sein Wunsch in Erfüllung, sollen doch seither Dutzende von Kindern, Kräuterfrauen und Hirten seinen Geist gesehen haben. Er meinte es wie schon zu Lebzeiten gut mit Mensch und Tier und hat seiner Heimat schon manchen guten Dienst erwiesen. Hörte man ihn zum Beispiel im Wald oben Holzscheite spalten und auf einen Haufen werfen, war starker Regen oder ein heftiges Gewitter im Anzug. Jung und Alt beeilten sich dann, alles, was noch draussen war, unter ein schützendes Dach zu bringen. Wenn er im Herbst mit seiner weit tragenden Stimme den Lockruf für seine Kühe und Rinder erschallen liess, wussten die Sennen, dass die Zeit gekommen war, die Herden ins

Tal zu führen. In den Jahren 1867 und 1869 soll der Geistersenn vom Walenhaus mitten im Sommer seine Herde zusammengerufen haben. Kurz darauf waren die Alpen für Tage mit hohem Schnee bedeckt; nur wer seiner Warnung gefolgt war, hatte vorgesorgt und genügend Futter für die Tiere bereitgestellt. Bis zum heutigen Tag soll er auf seinem Berg nach dem Rechten sehen und Mensch wie Tier vor Unglück bewahren. Die Flur Walenhaus war offenbar bis weit ins 2. Jahrtausend unserer Zeitrechnung von Kelten bewohnt (Anhänger der keltischen Kultur wurden von den eingewanderten Alemannen «Walen» oder «Welsche» genannt). Möglicherweise war dieser Senn Nachkomme einer keltischen Druidenfamilie, denn ein Wunsch wie der seine geht nur selten in Erfüllung.

Sam erlebt immer wieder die Gegenwart von Verstorbenen, die zeitlebens ein Stück Erde gehütet haben, und ist überzeugt, dass sie es auch nach dem Verlassen ihres Körpers vor achtlosen oder gierigen Leuten beschützen.

Geisterfrau im Treppenhaus

Hellsichtige Menschen treffen überall auf Geistwesen, so wie Naturfreunde überall, wenn sie im Freien unterwegs sind, bekannte Kräuter und Blumen entdecken. Es versteht sich insofern von selbst, dass Sam sich nicht auf alle einlassen kann und sich auf jene Fälle beschränken muss, die ihn direkt berühren oder bei denen er um Hilfe gebeten wird.

So kehrt er an einem schönen Herbstabend nach einer ausgedehnten Wanderung in einem Gasthaus ein und findet sich nach dem Abendessen bald mitten in einer lebhaften Gesprächsrunde zum Thema Geister. Er ist davon nicht eigentlich überrascht, denn als er sich dem Haus im fahlen Licht der Abenddämmerung näherte, glaubte er am Fenster im obersten Stockwerk eine Person zu sehen, die ihm eher wie ein Schatten vorkam als wie jemand aus Fleisch und Blut.

Nach einer Weile setzt sich die Wirtin zu ihnen und zeigt sich am Gespräch ausgesprochen interessiert, was Sam an die Schattengestalt denken lässt. Wie so oft in solchen Situationen geht die Zeit wie im Flug vorüber. Beim Verabschieden nimmt die Wirtin Sam zur Seite und vertraut ihm an, dass sie im Gasthaus schon öfter ein unsichtbares Wesen wahrgenommen habe. Manchmal fühle sie einfach eine unbestimmte Gegenwart, die aber ab und zu von einer bedrückenden und negativen Kraft begleitet sei. Auch einige ihrer Mitarbeiter hätten ähnliche Erlebnisse gehabt und sie mehrmals darauf angesprochen. Einige Tage später ruft sie Sam an, um einen Termin zu vereinbaren, und äussert ihre Vermutung, dass es sich bei dem Wesen wohl um die frühere Besitzerin handle. Sie habe das Haus über Jahrzehnte geführt und sei vor einigen Jahren auch darin gestorben.

Als Sam am vereinbarten Abend das Gasthaus erneut besucht, sind alle Tische besetzt und die Stimmung ist heiter und gelöst. Nach dem Nachtessen gibt ihm die Wirtin zu verstehen, dass ihm für seine Arbeit sämtliche Räume offenstehen. Um niemanden zu beunruhigen, geht Sam unauffällig Richtung Treppenhaus, das zu den Gästezimmern sowie zur Wohnung des Wirtspaares führt. Wie gewohnt hält er seine Tasche mit den Räucherutensilien in der Hand, als er den dunklen Gang betritt, wo er augenblicklich eine seltsame Schwingung wahrnimmt. Nachdem er das Licht eingeschaltet hat, stellt er die Tasche auf die oberste Stufe der zum Keller führenden Steintreppe und nimmt Gefäss, Räuchermittel und Kohle heraus. Kaum ist der Weihrauch entzündet, rauscht ein heftiger Luftzug durch das Treppenhaus herunter, stösst das Räuchergefäss um und löscht das glimmende Feuer. Gleichzeitig geht die Deckenlampe aus, obwohl sie nicht mit einer Zeitautomatik versehen ist. Nun nimmt die Intensität der Schwingung zu, und als er von einem eiskalten Luftzug gestreift wird, erkennt er gleichzeitig die markante Gestalt einer Frau. Sie schiesst regelrecht an ihm vorbei, was ihm einen eisigen Schauer über den Rücken jagt. Dann entschwindet die unangenehme Energie von einem schwachen Rauschen begleitet Richtung Keller. Es dauert bloss wenige Sekunden, bis sich Sam gefasst hat und dem Geistwesen folgend in den Keller rennt. Zu seiner Überraschung ist der Raum leer, weshalb er kurzum die schwere Tür zum Garten hin öffnet. Draussen ist zwar auch niemand zu erkennen, aber er ist dennoch überzeugt, dass die Frau das Haus verlassen hat.

In seiner gewohnten Ruhe kehrt er zu seinen Werkzeugen zurück und macht sich nun ungehindert an seine Arbeit. Nachdem er, beginnend im Keller, alle Räume sorgfältig geräuchert hat, ist nur noch ein kleines Zimmer übrig. Dort sitzt vor der zum Dach führenden rohen Holztür ein alter Mann, der allem Anschein nach schon viele Jahre hier oben verbracht hat. Sam kann ihn ohne Mühe ansprechen und überzeugen, sich endlich in seine ihm zugedachte Welt zu begeben. Als er durch ein Fenster in die Herbstnacht hinausspäht, ist er nicht verwundert, unweit des Gasthauses die weibliche Gestalt vom Treppenhaus zu sehen. Ihre Energie ist jedoch nicht wiederzuerkennen, denn sie scheint geradezu glücklich zu sein, dass sie aus dem Haus vertrieben wurde. Aber weshalb steht sie dort? Will sie sich verabschieden? Noch während Sam darüber nachsinnt, nimmt er die Silhouette des alten Mannes wahr. Langsam bewegt er sich auf die Frau zu und dann verschwinden die beiden zusammen in der Dunkelheit.

Offenbar hatten der Mann und die einstige Wirtin eine enge Beziehung gehabt. Während letztere aus welchen Gründen auch immer an das Haus gebunden blieb, wollte der Mann wohl schon lange gehen, wartete aber, bis seine Partnerin bereit war, ihn zu begleiten. «Wirkliche Beziehungen überdauern das körperliche Leben», wie Sam sagt. Mit seiner «Überzeugungsarbeit» konnte er wohl den Anstoss geben, dass sich die beiden endlich gemeinsam auf ihren Weg machten.

Ein Geist als Unhold

Meistens sind Geistwesen recht friedliche «Untermieter», doch Sam Hess trifft immer wieder auf solche, die Gegenstände verschieben, verstecken oder zerstören. Und wie er immer wieder feststellen muss, in der Geisterwelt gibt es auch oft Angriffe auf lebende Menschen. Oft sind solche Eingriffe in unsere Welt mit heftigen Beziehungsproblemen zwischen Toten und Lebenden verbunden. Es kann aber auch vorkommen, dass wütende Geistwesen über lange Zeit an ihrem Ort verweilen und dort ihr Unwesen weitertreiben, obwohl keine der in die Probleme verwickelten Personen mehr dort leben. Weil die Konflikte aber nie wirklich gelöst wurden, lassen die Geistwesen ihre Wut gegenüber jenen Bewohnern aus, zu denen sie einen Zugang finden.

Mit einem solchen Fall hatte Sam Hess in einer Mietwohnung eines unauffälligen Mehrfamilienhauses zu tun. Deren Bewohnerin berichtete ihm von Schäden an Gegenständen und tätlichen Angriffen auf sie selbst, was sich während seines Besuchs bestätigt. Das Energiefeld der Wohnung ist auffallend niedrig, was auch an der disharmonischen Bauweise liegt, aber vor allem mit einer fremdartigen Kraft verbunden ist, die er bereits beim Betreten der Wohnung wahrnehmen kann. Sie hat ein typisches Schwingungsmuster, das er seit Jahrzehnten als einen sicheren Hinweis auf die Anwesenheit von Geistwesen kennt.

In kurzen Sätzen schildert die Frau mittleren Alters, was sie in letzter Zeit so alles erlebt hat. Sie beginnt aus verständlichen Gründen mit der teilweise heftigen Gewalt gegen ihren Körper, von der die verschiedenen dunklen Druckstellen auf ihren Armen und Beinen zeugen. Sam sieht solches nicht zum ersten Mal, aber die seltsamen Flecken an Wänden und Böden sind neu für ihn. Einige sind auch auf der hölzernen Tischplatte und scheinen ein Muster zu bilden. Obwohl die Bewohnerin sie täglich wegwischt, bildet sich das Muster am nächsten Morgen wieder an derselben Stelle. Ebenso ärgerlich seien die umgestossenen Blumenvasen oder die über den Boden verstreute Erde der Topfpflanzen.

Sams Interesse gilt zuerst den verschiedenen Spuren, die mal wie zufällige Schmierereien, mal wie geordnete Fleckenmuster wirken. Danach geht er langsam und alles sorgfältig prüfend durch die ganze Wohnung, kann aber kein Geistwesen erkennen.

Konzentriert arbeitet er sich von Raum zu Raum und tritt schliesslich ins Wohnzimmer. Kaum hat er die Schwelle überschritten, löst sich an der Wand neben der Balkontüre ein Schatten und verschwindet nach draussen. ‹Aha›, geht es ihm durch den Kopf, ‹da ist offenbar doch jemand.› Neugierig wie er ist, zieht er den Vorhang zurück, öffnet die Türe und macht einen kurzen Schritt auf den Balkon. Weiter kann und will er nicht gehen, denn unmittelbar vor ihm steht eine etwa vierzigjährige männliche Gestalt in dunklen Kleidern. Seine untersetzte, äusserst kräftige Statur und der finstere Blick strahlen eine intensive Aggression aus, die nun ganz auf ihn gerichtet ist. Es ist nicht das erste Mal, dass ihm ein Geistwesen mit derartiger Abneigung begegnet, weshalb er weiss, wie man sich in solchen Situationen verhalten muss.

Während er mit dem Weihrauchgefäss in der vorgestreckten Hand langsam auf den Mann zugeht, weist er ihn mit unmissverständlicher Klarheit zurecht: «Wenn du schon keinen Grund mehr hast, noch hier zu sein, solltest du nun endlich dorthin gehen, wo du hingehörst», teilt er ihm telepathisch mit. Dabei achtet er darauf, dass das Wesen nicht an ihm vorbei in die Wohnung zurückschlüpfen kann, und bläst den Rauch in seine Richtung. Nun weicht es von Sam scharf beobachtet widerwillig zurück und weht ihm seine kalte Energie entgegen. Doch er treibt es unbeirrt vor sich her, obwohl er deutlich spürt, dass der ohnehin aggressive Geist sich in die Enge getrieben fühlt und sehr gefährlich werden kann. Auf einen Angriff gefasst, beobachtet Sam, wie sich seine Miene zusehends verdüstert und die Gestik eine gewaltige Wut zum Ausdruck bringt. Doch dann zeigt die Kombination von Räucherwerk und furchtloser Entschlossenheit ihre Wirkung. Offenbar hat das Geistwesen die Ausweglosigkeit seiner Lage erkannt und gleitet heftig fluchend über die Brüstung. Während es Richtung Garten in der Nacht verschwindet, sendet ihm Sam, begleitet von einem magischen Zeichen und der Aufforderung, nie mehr im Haus zu erscheinen, sein tief empfundenes Mitgefühl hinterher. Auch falls der Mann noch immer nicht vergeben kann und dadurch weiterhin an seinem irdischen Leben festhält, hat er sich seither an Sams Anweisung gehalten und die Stätte seines üblen Treibens nicht mehr besucht.

Eine Messe der Totengeister

Es ist der 2. Februar, Maria Lichtmess. In der Religion des alten Europa war der zwischen Wintersonnenwende (21. Dezember) und Frühlingsanfang (21. März) gelegene Tag einer der acht heiligen Feiertage und der Lichtgöttin Brigh geweiht. Zu dieser Zeit beginnt im Boden das Wachstum der Vegetation, die Säfte der Bäume beginnen zu steigen und die Tage werden deutlich heller und länger. Wir, Vreni, Evelyne, Sam und ich, sind unterwegs zu einer alten Kirche am Fuss der Berner Alpen. Ich spürte schon vor Jahrzehnten bei verschiedenen Besuchen, dass dort der Schleier zwischen den Dimensionen durchlässiger ist als sonst und hatte dort ausserdem einige nach dem materiellen Weltbild unerklärbare Erlebnisse.

Unterwegs besuchen wir eine ins 5. Jahrhundert zurückreichende, am Seeufer gelegene romanische Kirche, um die sich verschiedene Legenden und Sagen ranken: Der Erzengel Michael sei persönlich bei der Einweihung erschienen. Auch sollen die irischen Missionare Beatus und Justus dort gepredigt haben. Solche «alten Orte» sind in der Regel aussergewöhnlich kraftvoll und mit Geistwesen aller Art bevölkert. Tatsächlich erkennt Sam auf dem alten Friedhof zwischen Kirche und See drei in mittelalterliche Gewänder gekleidete Altwesen von Menschen aus dem einfachen Volk. Östlich der Kirche, wo nur noch wenige Gräber sind (der heutige Friedhof befindet sich am Dorfrand), sieht Sam ebenfalls einige Geistwesen. Sie tragen neuzeitliche Gewänder, aber ebenfalls nach der Art einfacher Leute. Vertreter der Oberschichten sind unter den Geistwesen weit weniger zu finden, was auch die gesellschaftlichen Verhältnisse im Diesseits spiegelt.

«Ich weiss nicht, weshalb diese Geister überhaupt auf dem Friedhof verweilen», wundert sich Sam. «Sie könnten schon lange weitergehen anstatt an diesem Ort der Trauer den Dingen ihres vergangenen Lebens anzuhängen. Wahrscheinlich wurde ihr Geist derart von der Vorstellung geprägt, dass sie bis zur Auferstehung am Jüngsten Tag auf dem Friedhof liegen müssen, dass sie nicht anders können. Wenn über die Zukunft gesprochen wird, sagen die älteren Leute noch immer, sie würden dann schon längst auf dem Friedhof liegen. Was dort wirklich liegt, ist bloss ein Leichnam oder etwas Asche. Die Seele ist jedoch nicht länger an die Materie gebunden und könnte längst ihren Weg gehen. Manche Geistwesen werden von den Hinterbliebenen auf dem Friedhof zurückgehalten, indem sie ihrer vor allem dort gedenken, was leicht zu einem eigentlichen Totenkult ausarten kann.»

Wir fahren weiter und parken vor einem Lebensmittelgeschäft bei der Siedlung Gsteig. Von dort spazieren wir in Richtung des weithin sichtbaren romanischen Turms zur am Fluss gelegenen Kirche. Auf dem Friedhof am Fuss des steilen, über tausend Meter in die Höhe ragenden Berges werde ich von der seltsamen mystischen Stimmung eingehüllt, die seit Jahrhunderten zahlreiche Besucher anzieht. Sam lässt erst seinen Blick über die Anlage schweifen und sagt auf seine ruhige Art, dass zurzeit über ein Dutzend Geistwesen anwesend seien. Dann schaut er aufmerksam zum Brunnen, der unter drei alten Bäumen leise vor sich hin plätschert. Wo ich schwach einen feinen Nebel wahrnehme, steht nach Sams Worten eine Gruppe ländlich gekleideter Altwesen um einen Geistlichen herum. Er ist im Gegensatz zu den anderen sehr deutlich zu sehen und trägt das schwarze Gewand mit dem weissen Kragen sowie die flache Kappe der reformierten Pfarrer. Möglicherweise sei er nicht mehr in der Zwischenwelt der erdgebundenen Geister, sondern «freiwillig» hier, erklärt Sam, als ich nach dem Grund seiner klaren Gestalt frage. Nach seiner Erfahrung ist es durchaus möglich, dass hier ein gewissenhafter Pfarrer seine Verantwortung gegenüber den Geistern seiner einstigen Gemeinde noch immer gelegentlich wahrnimmt. Wie sagt man doch: »Echten Beziehungen sind keine Grenzen gesetzt»; auch nicht die zwischen Diesseits und Jenseits.

Während meine Gefährten bereits zur Kirche gehen, schaue ich mich noch etwas um und folge ihnen wenige Minuten später. Sie stehen offensichtlich sehr beeindruckt und schweigend im Eingangsbereich, wo ein Teil des Kirchengestühls zwecks Restauration ausgebaut worden war. In der mit alten Fresken, Sternen und Blumen bemalten romanischen Kirche fühle ich mich seit Jahrzehnten sofort wie zuhause, doch diesmal liegt eine eindringliche, ernsthafte Stimmung in der Luft. Noch bevor ich Sam fragen kann, ob auch hier Geistwesen anwesend seien, sagt er trocken: »Da wird offenbar eine Versammlung abgehalten» und lässt dabei seinen Blick nachdenklich über die Bankreihen schweifen. Wie er uns später schildern wird, sind derart viele Geistwesen anwesend, wie es selbst Sam noch nie erlebt hat. Links sind die Bänke dicht mit Frauen besetzt, rechts sitzen auf den verbliebenen Reihen die Männer.

Seltsamerweise meiden diese den Bereich, wo kein Gestühl steht. Sind sie derart in ihrer «Gewohnheit» verhaftet, dass sie stehend nicht anwesend sein können, oder gibt es einfach mehr Frauen im Raum? Sam trifft oft Geistwesen an, die auf Stühlen, Bänken oder Betten sitzen, wo sie nach seinen Worten offenbar die Schwingung der Lebenden am stärksten spüren und aufnehmen können. Evelyne, die unmittelbar neben einer «Frauenbank» steht, spürt von allen Seiten einen Druck auf sie einwirken. Als Vreni ihre Tasche auf eine von ihnen ablegen will und von Sam sogleich darauf aufmerksam gemacht wird, dass dort jemand sitze, versteht Evelyne den Grund der einengenden Empfindung und begibt sich zu uns auf die freie Fläche, wo der Druck sofort stark nachlässt. Nun spüren auch wir die Anwesenheit der Geister, deren Energie der Atmosphäre des sonst feierlichen und lichten Raums eine gewisse Schwere verleiht.

Sam schaut sich eine Weile um und sagt mit einem traurigen Unterton in der Stimme: «Eigentlich ist es schon verrückt, dass ich sie überall sehen muss. Irgendwie lebe ich dauernd auch in anderen Dimensionen und Zeiten, was mir nicht immer leichtfällt.» Trotz der zahlreichen Besucher aus dem Geisterreich möchte ich

Sam und den anderen ein kleines Fresko zeigen, das den irischen Missionar Gallus mit einem Bären redend darstellt. Dieses schamanisch anmutende und im einfachen mittelalterlichen Stil der alpenländischen Volkskultur gemalte Bild hat bisher stets mein Herz erfreut, aber jetzt fühle ich bloss die bedrückende Stimmung und spüre deutlich, dass ich hier zwischen Gestühl und Chor nicht willkommen bin. Verlegen wegen meiner Unachtsamkeit gehe ich auf die freie Stelle zurück. Kaum bin ich dort angekommen, sagt Sam, die Geistwesen seien eben im Begriff, die Kirche zu verlassen, und weist uns an, den Weg zum Ausgang freizugeben. Tatsächlich hatte unmittelbar zuvor die mitten im Gang stehende Vreni einen Druck gefühlt, als wollte jemand sie zur Seite schieben.

Nach den Geistwesen verlassen auch wir die Kirche. Auf dem Weg zum Parkplatz mutmassen wir, ob das, was Sam eben sah und wir spürten, eine dieser geheimnisvollen Geistermessen war, von denen alte Volkssagen berichten. Die Sitzordnung, links Frauen und rechts Männer, ist traditionell katholisch, was mich erst etwas wundert, wechselte doch die Republik Bern vor über 500 Jahren auf Geheiss der Obrigkeit zum reformierten Glauben. Auch die Tatsache, dass Sam die Geister als altmodisch bekleidet beschreibt und unser Besuch auf den alten Feiertag Maria Lichtmess fällt, scheint darauf hinzuweisen, dass wir tatsächlich Zeugen einer Messe waren, die nicht in unserer materiellen Dimension gefeiert wurde. Beim Auto angekommen, werden wir abrupt aus unseren Mutmassungen gerissen: Die Fahrertüre steht weit offen, was uns vieren beim Weggehen hätte auffallen müssen. Ausserdem versperrt sie einen schmalen Durchgang zu einer Seitenstrasse, weshalb sie während unserer Abwesenheit gewiss von Passanten zugeschoben worden wäre. Wie dem auch sei, uns erschien dies als Geste der körperlosen Messebesucher, die möglicherweise unsere Gedankengänge bestätigen wollten. Es ist allerdings nicht ausgeschlossen, dass sie sich auf diese Weise für unser Eindringen in ihre Zeremonie revanchieren wollten.

Die seltsame schwarze Gestalt

Nach einem Telefongespräch mit einem älteren Mann, der von seltsamen Vorkommnissen in seinem Wohnhaus berichtete, sitzt Sam in dessen Wohnzimmer. Wie bereits am Telefon beteuert der Hausherr, dass er an sich nicht an übernatürliche Dinge glaube. Seit einigen Wochen mache er jedoch Erfahrungen, die er sich nicht mehr erklären könne. Dann versichert er mit fester Stimme, dass er bestimmt nicht verrückt sei. Während er spricht, hat Sam Hess das mittlerweile bekannte Gefühl, von einem unsichtbaren Anwesenden beobachtet zu werden, was ihn davon überzeugt, dass der Mann nicht unter Wahnvorstellungen leidet.

Dieser war vor über einem Monat von einem Tag auf den anderen von einer bleiernen Müdigkeit erfasst worden und glaubte, krank zu sein. Da er bereits weit über sechzig ist, führte er den gesundheitlichen Einbruch auf sein Alter zurück. In der Annahme, etwas Ruhe zu benötigen, legte er sich ins Bett, aber sein Zustand verschlechterte sich trotzdem. Als auch noch starke Fieberschübe dazukamen, beschloss er, den Arzt aufzusuchen. Die verordneten Medikamente nahm er ein, und weil seine Ehefrau bereit war, ihn zu pflegen, verzichtete er auf eine Überweisung ins Krankenhaus. Einige Tage nach dem Arztbesuch nahm der Mann nachts im Halbschlaf eine unbestimmte Bewegung wahr und öffnete die Augen. Was er im düsteren Licht sah, jagte ihm einen heftigen Schreck durch Mark und Bein; eine grossgewachsene männliche Gestalt mit breitkrempigem Hut und weitem Mantel schritt lautlos und langsam durch das Schlafzimmer und verschwand in der Wand. Trotz seiner rationalen Weltsicht fragte sich der Mann als erstes, ob der Tod ihn wohl abholen wolle? Doch kaum hatte er sich etwas von dem Schock erholt, schob er den Gedanken beiseite und hielt das, was er soeben erlebt hatte, für eine durch Fieber und Erschöpfung sowie Medikamente verursachte Fantasievorstellung.

In den folgenden Nächten wiederholte sich der Ablauf. Von einer Bewegung aus dem Halbschlaf geweckt, sah er, wie der

Mann wie aus dem Nichts erschien und durch die Wand wieder verschwand. Obwohl er von Angst geplagt glaubte, dass die Krankheit sein Gehirn angegriffen habe und er nun unter Wahnvorstellungen leide, konnte er sich dazu überwinden, seiner Frau von den seltsamen Ereignissen zu erzählen. Nach drei Tagen ging das Fieber zurück, und bald fühlte er sich wesentlich besser. Nun fand er allerdings keine logische Erklärung mehr dafür, weshalb der geheimnisvolle Mann trotzdem Nacht für Nacht in seinem Zimmer erschien, um sogleich wieder zu verschwinden. Kein Wunder, dass er schlecht schlief, sich oft stundenlang im Bett wälzte und von wirren Gedanken geplagt wurde. Und was er auch immer dachte oder machte: Immer nach Mitternacht kam das Wesen mit dem breiten Hut.

Nach einer Weile wurde der Mann vom Arzt als gesund befunden und konnte wieder seiner Arbeit nachgehen. Endlich blieb auch die dunkle Gestalt aus, aber schlafen konnte er nach wie vor nicht besser. Schliesslich musste er sich eingestehen, dass ihn das seltsame Erlebnis mehr bewegte, als er geglaubt hatte. Wann immer er an die Gestalt dachte, sah er sie klar und deutlich vor sich. Schliesslich erschien ihm die Geschichte ebenso wahr und wirklich, wie alles andere im Leben. Nachdem er schlussendlich auch dieses seiner Frau anvertraut hatte, riet sie ihm, Sam Hess anzurufen, von dem eine ihrer Bekannten erzählt hatte.

Der sitzt nun wie gesagt im Wohnzimmer des Ehepaares und schlägt vor, erst einmal das Haus mit Weihrauch zu reinigen und dann weiter zu schauen. In einem der Zimmer trifft er schliesslich auf die seltsame und ausgesprochen auffällige Gestalt. Nach dem weiten Mantel und grossen Hut zu schliessen, muss der Mann vor einigen Jahrhunderten gelebt haben. Sams Neugier ist mit einem Schlag geweckt, aber bevor er mit dem Geistwesen Kontakt aufnehmen kann, verschwindet es durch die Wand in Richtung Garten. Sam beendet seine Arbeit, indem er das Haus gegen das erneute Eindringen des Geistwesens versiegelt und geht dann in den parkähnlichen, grossen Garten, wo er die Gestalt des geheimnisvollen Mannes sogleich zwischen zwei mächtigen Bäumen erkennt. Aber er weicht auch jetzt sofort zurück und verschwindet erneut aus Sams Gesichtsfeld, bevor er ihn ansprechen kann.

Zurück im Haus bestätigt er dem Besitzer, dass tatsächlich ein Mitbewohner aus der Geisterwelt im Haus weile, und versichert, dass der Geist fortan nicht mehr in den Räumen erscheinen werde. Möglicherweise werde er noch im Garten umgehen, aber niemand mehr zu stören vermögen. Hess verschweigt dabei, dass er ihn nicht von dort verbannen kann, denn nach seinem Verhalten zu schliessen, ist er dazu noch zu stark an den Ort gebunden. Aber aus welchem Grund?

Sobald Sam Hess seine Arbeit beendet hat, schliesst er sie auch in seiner Erinnerung ab, um sich nicht unnötig zu belasten. Diese Geschichte beschäftigt ihn jedoch noch derart stark, dass er sich wie in ähnlichen Fällen bei der Gemeinde nach der Geschichte des Ortes erkundigt. Er hat Glück und findet nach einigen Minuten heraus, dass dort einst eine Richtstätte war, wo über viele Jahrhunderte Todesurteile vollstreckt wurden. In der Hoffnung, noch etwas mehr über den unheilvollen Ort zu vernehmen, ruft Sam seinen Auftraggeber an. Wie erwartet konnte der Mann wieder normal schlafen. Auf das Grundstück angesprochen, erinnerte er sich daran, dass seinerzeit beim Bau des Hauses einige stark zerfallene Knochen gefunden wurden, die man wahrscheinlich mit dem übrigen Schutt entsorgt habe.

Ein eifersüchtiges Geistwesen

Eines Tages bittet eine junge Frau Sam um Hilfe in einer Angelegenheit, über die sie bisher mit niemandem sprechen konnte. Wie sich herausstellt, fühlt sie sich in ihrer Wohnung von einem unsichtbaren Wesen beobachtet und gelegentlich sogar belästigt. Am schlimmsten sei, dass sie nicht mehr richtig schlafen könne, was sie bis an die Grenzen des Erträglichen erschöpfe.

Es ist bereits dunkel, als Sam an der Haustüre läutet und von der geplagten Frau eingelassen wird. Er spürt sofort, dass sie tatsächlich einen unsichtbaren Untermieter hat, will aber erst die Gastgeberin zu Wort kommen lassen. Kaum haben sich die beiden im Wohnzimmer an den Tisch gesetzt, beginnt sie die Geschichte zu erzählen, die nach ihren Worten mit dem unangenehmen Spuk zusammenhängt: Nach einer mehrjährigen Beziehung hatte sie sich von ihrem Partner getrennt. Während sie mit ihrem neuen Leben zufrieden war, konnte er die Trennung nur schlecht verarbeiten. Um ihm die Sache soweit sie konnte und wollte etwas zu erleichtern, ging sie ab und zu mit ihm wandern oder begleitete ihn auf dem Soziussitz seines Motorrades auf gelegentlichen Ausfahrten. Vor zwei Jahren hatte er sie wieder dazu eingeladen, aber wie sie sich ausdrückt, spürte sie an diesem Tag eine innere Barriere und konnte die Einladung nicht annehmen. Obwohl sie ein ungutes Gefühl hatte, wollte sie ihren Ex-Partner nicht damit belasten. Am nächsten Tag musste sie erfahren, dass er bei einem Selbstunfall gestorben war.

Sichtlich verlegen beteuert sie, seither sei er ständig in ihrer Wohnung anwesend und mache ihr das Leben schwer. Und dies nicht nur zuhause, wie sie erfahren musste. Trotz mehrmaliger Kontrollen durch die Garage, bei denen nichts Aussergewöhnliches entdeckt wurde, sprang der Motor ihres Autos öfter nicht an oder kam auf dem Weg zur Arbeit beinahe täglich ins Stottern. Für Sam ist ebenfalls klar, dass es sich beim anwesenden Geist um ihren verstorbenen Bekannten handelt. Extrem eifersüchtig macht er alles, um die Frau daran zu hindern, ein erfülltes Leben zu führen. Dabei geht es ihm offensichtlich insbesondere darum, mit seiner «Anwesenheit» eine Beziehung zu einem anderen Mann unmöglich zu machen.

Nun weiss Sam Hess genug und macht sich konzentriert an die Arbeit, indem er erst wie gewohnt Raum für Raum energetisch reinigt. Damit hindert er das Geistwesen daran, sich gewissermassen hinter seinem Rücken wieder in einem der durchsuchten Räume niederzulassen. Als Sam schliesslich das Schlafzimmer als letzten Raum betritt, bleibt dem eifersüchtigen Geist nichts anderes mehr übrig, als die Wohnung zu verlassen oder sich zu verstecken. Er entschliesst sich für letzteres, doch obwohl er sich geschickt hinter eine mannshohe Zimmerpflanze stellt, spürt Sam seine intensive Energie sofort auf und kann ihn auch deutlich sehen. Langsam geht er auf das Wesen zu, öffnet auf dem Weg eines der Fenster, und erklärt ihm, dass die Zeit gekommen sei weiterzugehen. Mit einem boshaften Blick will der Geist ihm offenbar zu verstehen geben, dass ihm hier keiner befehlen kann. Aber Sams entschlossener Aufforderung, die Wohnung für immer zu verlassen, und der Kraft seiner magischen Hilfsmittel kann er trotz seiner Energie nicht widerstehen. Als hätte es sich in Luft aufgelöst, hat sich das Geistwesen von einem Augenblick zum anderen durch die Hauswand nach draussen abgesetzt. Im Glauben, damit seine Arbeit getan zu haben, räuchert Sam Hess nun auch das Schlafzimmer sorgfältig aus. Zufrieden stellen er und die Bewohnerin fest, dass die Atmosphäre der Wohnung nun wieder so ist, wie man es sich für ein Zuhause wünscht.

Eine Woche später ruft die junge Frau an. Sie fühle sich wohl in der Wohnung und könne auch wieder gut schlafen. Auf dem Parkplatz und gelegentlich auch im Auto werde sie jedoch immer noch von ihm angegriffen. Einige Tage darauf stellt Sam das hartnäckige Wesen und erklärt ihm noch einmal klar und deutlich, es gehöre in eine andere Welt und seine bösen Spiele seien jetzt endgültig vorbei. Dann fordert er es unmissverständlich auf, die Erde auf dem ihm bestimmten Weg zu verlassen und sich an die Geistwesen zu wenden, die ihm helfen würden, sich aus seiner schwierigen Situation zu befreien. Sollte es sich weigern und seine ehemalige Freundin weiter belästigen, müsste er es mit einem magischen Bann belegen. Dann könne es zwar noch immer auf der Erde herumgeistern, aber sich der Frau nie mehr nähern. Noch während Sam seine Worte übermittelt, verschwindet das Wesen unerwartet schnell. Seither kann seine ehemalige Partnerin auch ihren Weg gehen, wie sie etwa ein Jahr danach in einem Brief mitteilt.

Extrem eifersüchtige Menschen riskieren, als Geistwesen an ihre negative Emotion gebunden zu bleiben und als Quälgeister umgehen zu müssen. Die Geschichte erinnert einmal mehr an Sams Mahnung, dass unser Denken und Verhalten unser Leben über den Tod hinaus bestimmt. Eifersucht ist eine Form des Besitzanspruchs und führt wie dieser zu leidvollen Erfahrungen in diesem Leben und danach. Alles Anhaften an vergänglichen Dingen kann stets nur mit Verlust enden. Der Fall der jungen Frau zeigt auch eindrücklich, wie wichtig es ist, sich auf seine innere Stimme zu verlassen, unabhängig davon, ob man jemanden mit seiner eigenen Entscheidung enttäuschen muss.

Stell dir vor, du stirbst und lebst weiter

Als nebenamtlicher Feuerwehrmann traf Sam bei Rettungseinsätzen oft auf Menschen, die bei Autounfällen ihr körperliches Leben verloren. Ihm bot sich stets ein ganz anderes Bild als den anderen Rettern und Polizisten, sah er doch die «Toten» als Geistwesen unversehrt und lebendig an der Unfallstelle. Leute, die innerhalb von Sekunden und völlig unerwartet ihren Körper verlieren, wissen oft nicht, dass sie in unserem Sinne tot sind. Sie nehmen ihre Umgebung wahr, empfinden keine Schmerzen und sind sich, zumindest vorerst, des Fehlens ihres Körpers nicht bewusst.

Für Geistwesen, die von helfenden Wesen aus dem Jenseits abgeholt werden und sich von der Erde verabschieden können, ist der verlorene Körper kein Thema mehr. Anders verhält es sich für jene, die durch den Schock eines plötzlichen gewaltsamen Todes in eine völlig unbekannte Situation versetzt sind. Sie irren ohne jede Orientierung herum und haben nicht die geringste Ahnung davon, was ihnen geschieht. Wenn Sam an einem Unfallort eintraf, konnte er sofort sehen, ob ein Mensch noch mit seinem Körper verbunden war, oder ob er sich bereits von der materiellen Existenz gelöst hatte. Stand die verunfallte Person als Geistwesen neben ihm, war der Fall ohnehin klar, was nicht selten vorkam.

Einige Jahre ist es her, da trifft er, wenige Minuten nachdem ein schwerer Zusammenstoss zwischen mehreren Autos gemeldet worden war, mit drei Kameraden bei der Unfallstelle ein. Wie so oft bietet sich ihnen ein schlimmes Bild. In einem der Fahrzeuge sind zwei Männer derart eingeklemmt, dass sie, nachdem einer der anwesenden Ärzte ihren Tod festgestellt hat, nur mit Spezialwerkzeug geborgen werden können. Zu diesem Zeitpunkt kann Sam Hess ihre beiden Geistwesen bereits deutlich wahrnehmen. Eines kauert an der Autobahnböschung zwischen den Sträuchern, als ob es sich dort verstecken will. Der Geist des zweiten Mannes steht etwa fünf Meter vor seinem total zusammengestauchten Auto. Da Sam und seine Kollegen dem Polizeifotografen Platz machen müssen, geht er auf dieses Geistwesen zu und «spricht» es behutsam an. Es kann ihn offensichtlich gut verstehen, denn es schwebt ihm neugierig entgegen. Als er ihm zu erklären versucht, dass es gestorben sei und keinen Körper mehr habe, schaut das Wesen ihn verständnislos an. «Was bin ich?», fragt es ungläubig mit einem empörten Unterton. Sam wiederholt seine Worte und fordert es auf, mit ihm zu kommen, um sich selbst davon zu überzeugen. Beim Unfallwagen angekommen, macht er den Geist darauf aufmerksam, dass er diesen vor wenigen Minuten noch gesteuert habe und zeigt auf seinen übel zugerichteten Körper. Nachdem er kurz hingeschaut hat, lässt der Mann seinen Blick über den eigenen Geistkörper schweifen und kann noch immer nicht verstehen, was geschehen ist. Langsam schwebt er seitwärts vom Fahrzeug weg und übermittelt: «Du bist verrückt. Wäre ich tot, könnte ich nicht mit dir sprechen.»

Wie so oft in seinem Leben macht Sam Hess die Erfahrung, dass Menschen nach dem Verlassen ihres Körpers keinen Bezug mehr zu ihm haben, ihn womöglich nicht mehr erkennen können. Der Mann fühlt sich zweifellos gut, fühlt sich als unversehrter, lebender Mensch und nimmt alles, was um ihn herum geschieht, deutlich wahr. Weshalb sollte er da auf den Gedanken kommen, tot zu sein? Einmal mehr wird Sam bewusst, wie sehr das heute verbreitete Unwissen um das, was nach dem Tod des Körpers geschieht, sowie die unglaublich beschränkte Vorstellung des Todes allgemein, völlig quer zu dem steht, was der Geist «danach» wirklich erlebt und erkennt. Erstaunlich viele der Geistwesen, denen er in seinem bisherigen Leben begegnet ist, wussten nicht, dass sie in unserem Sinn des Wortes tot sind. Ihr starkes Anhaften am vergangenen Leben hinderte sie, aus welchen Gründen auch immer, am Verlassen dieser Erde. Nach einer gewissen Zeit kommen einige von ihnen zur Erkenntnis, dass man in dieser Welt ohne Körper nicht mehr handeln kann. Diese Seelen hängen sich deshalb an Lebende, um an deren Wirken und Handeln in dieser Welt teilzuhaben.

Tanzende Geistwesen

Wenn Menschen in ihren Wohnungen oder Häusern unerklärbare Dinge wahrnehmen und sich an Sam wenden, ist es nicht verwunderlich, dass sie verlegen oder aufgeregt sind, aber eine Frau klang am Telefon geradezu verzweifelt. Sie und ihr Mann seien vor einigen Monaten wegen ihres Alters in ein Mehrfamilienhaus umgezogen und hätten seither unglaubliche Dinge erlebt. Zum Beispiel, dass sie regelmässig aus dem Schlaf geschreckt werden, als hätte sie jemand geweckt. Sam wundert sich nicht, hört er doch solche Dinge oft. Als sie jedoch auf ihren Backofen zu sprechen kommt, traut er seinen Ohren nicht. Sie sei bald siebzig und backe seit über fünfzig Jahren leidenschaftlich gerne Kuchen und andere Backwaren, aber in der neuen Wohnung brennen ihre bisher weit herum geschätzten Kuchen plötzlich an. Um ein Versehen auszuschliessen, bat sie ihren Mann, beim Einstellen der Temperatur dabei zu sein, doch es änderte nichts. Als auch nach einer fachmännischen Kontrolle des Herdes kein Fehler gefunden werden konnte und mittlerweile auch gekochte Speisen anbrennen oder ungeniessbar sind, überwand die Frau ihre Furcht, für verrückt gehalten zu werden, und rief Sam Hess an.

Beim Betreten ihrer Wohnung fällt ihm sogleich eine seltsame bedrückende Atmosphäre auf. Er ist sich jedoch nicht sicher, ob dies mit der Stimmung des sichtbar verschüchterten Rentnerehepaares zusammenhängt oder mit den berichteten seltsamen Ereignissen verbunden ist. Während die Frau seine Jacke abnimmt, wird ihm schlagartig bewusst, dass er mit einer bisher unbekannten, fremdartigen Kraft konfrontiert ist. Neugierig geworden folgt Sam ihr ins Wohnzimmer, wo tatsächlich ein älteres männliches Geistwesen auf einem der Stühle sitzt. Als er auf dieses zugeht, schaut ihn die Hausherrin verblüfft an und flüstert hastig, dass sie und ihr Mann dort stets ein ungutes Gefühl hätten und deshalb diesen Stuhl nicht benutzen. Sam Hess will dem Wesen zeigen, dass seine Energie ihn nicht beeindruckt und setzt sich demonstrativ auf seinen Platz. Bisher hatte er so etwas noch nie getan und macht sich auf heftigen Widerstand gefasst. Doch ausser der typischen Kälte nimmt er nichts Aussergewöhnliches wahr. Ganz offensichtlich ist der Alte ein harmloser «Gastgeist» und hat nichts mit den seltsamen Vorgängen zu tun. Angesichts der intensiven fremdartigen Kraft will Sam erst ihre Quelle ausfindig machen und sich danach um ihn kümmern.

Während des Auspackens und Bereitmachens der Räucherwerkzeuge vernimmt er, dass die Tochter des Paares nur noch selten zu Besuch kommt, weil sie – kaum im Haus – unter Übelkeit leidet, und manchmal gar von einer beklemmenden Angst geplagt wird. Auf meine Frage, wo sie in der Wohnung dieses Phänomen am stärksten spüre, kommt die Frau auf das Arbeitszimmer ihres Mannes zu sprechen. Nach ihren Worten zu schliessen, vermutet sie dort die Ursache des gespenstischen Treibens. Sam Hess beginnt mit der Räucherung der Küche und geht danach wie gewohnt von Raum zu Raum. Im Wohnzimmer sitzt der ältere Mann nicht mehr auf «seinem» Stuhl, und seine kalte Gegenwart ist auch in der übrigen Wohnung nicht mehr zu spüren. Er hat offenbar verstanden, dass es an der Zeit ist, sich auf den Weg in eine andere Welt zu machen. Zum Schluss öffnet Sam die Türe zum geräumigen hellen Arbeitszimmer und kann kaum glauben, was sich vor seinen Augen abspielt, denn so etwas hat er in all den Jahren noch nie gesehen: Unbehindert von Stühlen, Tischen und Gestellen tanzen etwa zehn braunhäutige Männer in einem exotischen, pulsierenden Rhythmus im Kreis herum und erfüllen den Raum mit ihrer äusserst intensiven Ausstrahlung. Bekleidet mit Lendenschürzen tragen sie an bunten Faserschnüren glänzende Steine, in allen Farben leuchtende Federn und kunstvoll geschnitzte Knochen oder Hölzchen. Staunend schaut Sam dem Treiben erst eine Weile zu und weicht dann Schritt für Schritt zurück. Nachdem er die Türe sorgfältig geschlossen hat, kehrt er ins Wohnzimmer zurück, wo ihn die Seniorin beim Eintreten erwartungsvoll anschaut. Ohne auf die tanzenden Geister einzugehen, fragt er, ob sie oder ihr Mann einen Bezug zu einem Naturvolk habe, worauf sie verneint und lächelnd erklärt, dass die Holzmasken zusammen mit einigen anderen Einrichtungsgegenständen beim Kauf der Wohnung übernommen wurden. Welche Masken? Sam hat nirgends welche gesehen und schaut die Frau fragend an. Nun hört er staunend, dass die Gattin des vorangehenden Besitzers von einem lateinamerikanischen Urvolk abstammt, weshalb das Paar oft nach Venezuela reiste und jeweils einige Monate dort verbrachte. Wenn sie dann in die Schweiz zurückkehrten, hätten sie stets haufenweise volkskundliche Gegenstände wie Götterfiguren oder eben Holzmasken mitgebracht. Weil diese der jetzigen Besitzerin gut gefielen und ausserdem eine faszinierende Ausstrahlung auf sie ausübten, bat sie ihren Mann, diese gleich mitzukaufen.

Jetzt weiss Sam ohne jeden Zweifel, was hinter den seltsamen Ereignissen steckt. Mit diesen Kultgegenständen, hergestellt von einem Volk, das noch eine lebendige und innige Beziehung zu ihren Gottheiten und Ahnengeistern pflegt, kamen die Geistwesen in das Haus und wohnen seither dort. Nun ist die Quelle dieser fremdartigen Energie gefunden, die offenbar ausser Menschen auch Back- und Kochvorgänge zu stören vermag.

Gefasst tritt Sam erneut ins Arbeitszimmer, wo der magische Tanz andauert. Doch diesmal lässt er sich von den Geistmännern nicht ablenken und schaut sich ruhig um. Tatsächlich kann er in den Regalen verschiedene Kultgegenstände erkennen und weiss sofort, was zu tun ist. Nachdem die Frau auf seinen Wunsch hin eine grosse Kartonschachtel aus dem Keller geholt hat, beginnt er, die Stücke sorgfältig darin zu verstauen. Die Hausherrin versteht ohne Worte, worum es geht, und packt sogleich entschlossen mit an. Dann prüfen sie, ob auch alle «Souvenirs» aus Lateinamerika weggeräumt sind, und tragen die Schachtel erst einmal ins Treppenhaus. Zurück im Arbeitszimmer stellt Sam wie erwartet fest, dass keine Tänzer mehr zu sehen sind und auch die Intensität ihrer Energie spürbar abgenommen hat. Nachdem er den Raum gründlich gereinigt hat, macht er noch einmal einen Rundgang durch die ganze Wohnung. Im Keller entdeckt er zu seiner Überraschung noch einige Geistmänner, die sich offenbar verstecken wollen, aber sich auf seine Aufforderung hin, das Haus zu verlassen, sogleich in Luft auflösen.

Zurück im Wohnzimmer sieht er auf den ersten Blick, dass sich die Hausbewohnerin schon viel wohler fühlt. Zwar hallt noch etwas von der fremdartigen Energie wie ein Echo nach, aber die Schwingung ist nun so leicht und freundlich, wie man es sich in seinem Haus wünscht. Beim Tee erklärt ihr Sam in einfachen Worten, dass sich Geistwesen gelegentlich an gewisse Gegenstände heften und, wie sie eben erlebt habe, selbst jenseits des Atlantiks nicht von ihnen lassen wollen.

Erleichtert über die glückliche Wendung willigt die Frau sofort ein, die Schachtel ausser Haus zu bringen und die vormaligen Besitzer der Masken und Figuren über die Vorgänge zu informieren. Das Paar liess sie bei der nächsten Gelegenheit in ihr Ursprungsland zurückbringen, was auch sie von der Last der verschleppten Geister befreite. Froh, wieder mit ihren Ahnengeistern vereint zu sein, haben sie ihnen wohl dankend vergeben. Es versteht sich, dass mit dem Ende des Spuks dann auch die Kuchen und Torten wieder so aus dem Ofen kamen, wie von der Köchin gewünscht und tatsächlich hervorragend schmeckten..

Obwohl Sam so manches erleben konnte, bezeichnet er diesen Einsatz als einen der eindrücklichsten, brachte er ihm doch wertvolle Erkenntnisse. Viele Leute sind sich nicht oder zu wenig bewusst, dass sogenannte Kultgegenstände fremder Religionen oder

Völker ideale «Träger» für stark wirkende energetische Schwingungen sind oder gar von Geistwesen bewohnt werden. Auch ganz unverdächtige Gegenstände, wie Schmuckstücke oder kunsthandwerkliche Souvenirs, können als kraftvolle Symbole ihre Trägerinnen oder Besitzer beeinflussen, ohne dass sie deren Bedeutung kennen oder den Einfluss auf sich bewusst wahrnehmen.

Kinder und Geistwesen

Wer Kinder kennt, weiss um ihre «Geheimnisse», weiss, dass sie Vorgänge wahrnehmen, von denen sie den Eltern oft nicht erzählen. Sie lernen früh, dass «man» darüber nicht spricht, und da die meisten Kinder sein wollen wie alle anderen Leute in ihrem Umfeld, behalten sie eben ihren «Kinderkram» für sich. Sie wundern sich wohl wie seinerzeit der junge Sam Hess, weshalb die Erwachsenen beim Erzählen alter und neuer Märchen von Wesen berichten, die sie aus eigenen Erfahrungen bestens kennen, die jedoch nicht wirklich existieren sollen. Alle hatten als Kinder wohl ihre «Geheimnisse», aber die meisten haben sie beim Eintritt in die Schule bereits ins Unbewusste verdrängt. Während sich die meisten Erwachsenen im besten Fall noch schwach erinnern, dass da mal etwas war, konnten Menschen wie Sam ihre Sicht für andere Dimensionen der Wirklichkeit erhalten. Wenn jemand eine Geschichte über Geister oder Sagenwesen erzählt, werden sie durch den Faden der Erinnerung mit ihren eigenen Erfahrungen verbunden, was den Geschichten immer wieder eine zeitlose Magie verleiht.

Wie Sam immer wieder erlebt, erkennen die meisten Eltern nicht, dass ihre Kinder im Alter von zwei bis neun Jahren eine mehr oder weniger klare Einsicht in Zwischenwelten haben. Eben erst aus dem Jenseits gekommen, stehen sie den Verstorbenen noch sehr nahe, weshalb sie die Geistwesen manchmal visuell wahrnehmen und mit ihnen kommunizieren können. Nach seiner eigenen Erfahrung sind für Kinder Begegnungen mit ihnen ebenso natürlich wie mit lebenden Menschen, weshalb sie nie gelernt haben, sich vor Geistern zu fürchten. Für manche werden sie sogar zu engen Vertrauten, mit denen sie über all das sprechen können, was ihnen als wirklich erscheint, aber von den «anderen» als ausufernde Fantasie verstanden wird. Wenn Sam mit solchen Kindern zu tun hat, erlebt er sie als «die ehrlichsten Menschen», denn sie sprechen jeweils offen über alles, was sie sehen und erleben. Und wenn sie spüren, dass er ihnen nicht nur glaubt, sondern ebenfalls Wesen sieht, die es nach der Vorstellung der Erwachsenen eigentlich nicht geben sollte, fällt es ihnen leichter, mit ihrem «Geheimnis» zu leben.

Die meisten Kinder machen die Erfahrung, dass Eltern oder Geschwister nicht das Gleiche «sehen» können und zweifeln ihre Wahrnehmung selbst an. Sie eifern wie in allem anderen den Erwachsenen nach und wollen deshalb nicht in einer anderen Welt leben als sie. So engen fast alle mit zunehmendem Alter ihre natürliche Wahrnehmung ein, indem sie selbst glauben, dass es so nicht sein kann und sie sich das nur einbilden, wie dies all die klugen Leute wie Mutter, Vater oder Lehrerinnen sagen.

Sam begegnet öfter Kindern, die sich «ihre Welt» erhalten, die sie vor allem beim Spielen mit sich selbst ausleben können. Da Geistwesen durchaus in kindlicher Form respektive als Kind erscheinen, haben Kinder einen natürlichen Zugang zu ihnen. Solche Geistwesen werden gewissermassen spielerisch in das Leben integriert und können im Alltag zu festen Freundinnen oder Freunden werden. Im Zusammenhang mit Geistererscheinungen in Wohnungen und Häusern konnte Sam Hess wiederholt mit Kindern sprechen, die in schwierigen Situationen oder wenn sie sich alleine fühlen respektive Hilfe brauchen, mit ihrem «geistigen Freund» Kontakt aufnehmen. Sie bitten etwa um Unterstützung, wenn sie in der Schule eine schwierige Prüfung zu bestehen haben oder von grösseren Kindern bedroht werden. Für Kinder, die sich in solchen Situationen beraten oder beschützt fühlen, werden die Geistwesen nicht selten zu ihren engsten Vertrauten, von denen sie oft über lange Zeit niemandem erzählen.

Sam erlebte schon als kleiner Knabe, dass Kinder mit psychischen Funktionsstörungen leichter Zugang zur geistigen Welt finden. Die meisten können allerdings ihre Erfahrungen entweder nicht formulieren oder sie werden von ihrer Umgebung noch weniger ernst genommen als «normale» Leute, was ihre ohnehin schwierige Lage zusätzlich belastet. In solchen Fällen kann ein offenes Gespräch manchmal zu erstaunlichen Einsichten führen und dem Kind grosse Erleichterung verschaffen.

Nachdem ein Vater beispielsweise über Jahre hinweg mit seiner verhaltensgestörten Tochter vergeblich bei einem Arzt, einem Baubiologen, einem Priester und gar einem chinesischen Heiler Rat gesucht hatte, wandte er sich an Sam. Er war weniger wegen des eigenwilligen Verhaltens des Kindes besorgt, als wegen der «Leute aus Luft und Grau», von denen es ständig beobachtet und manchmal furchterregend angestarrt werde. Anders als die verschiedenen Fachleute, die von einer Erkrankung ausgingen, wusste Sam, was das Mädchen wirklich sah.

Beim abgelegenen Bauernhof angekommen, fragt er erst einmal, wo sich die grauen Wesen meistens aufhalten. Das Mädchen zeigt stumm auf ein kleines, einige hundert Jahre altes Holzgebäude. Sam wendet den Kopf und sieht vor dem hundert Meter vom Wohnhaus entfernten Speicher tatsächlich ein Geistwesen auf der kleinen Bank sitzen. Die Tasche mit seinen Räucherwaren in der Hand öffnet er die knarrende, von der Sonne schwarz gebrannte Tür und ahnt angesichts der alten Bretter, Möbel und anderen Gegenstände bereits, was hinter dem Spuk steckt. Während Vater und Tochter auf sein Geheiss draussen bleiben, räuchert er den Raum sorgfältig aus. Danach ruft er beide hinein und informiert sie, dass bei seinem Eintreten zwei Frauen am Tisch sassen, die nun am Waldrand oben unter den Bäumen stehen und offenbar auf jemanden warten. Auf die Frage, wie sie denn hierhergekommen seien, erklärt Sam, dass sich jene Seelen, die noch nicht in die Anderswelt eingehen können, oft an vertrauten Gegenständen festhalten, auch wenn es nur ein altes Brett ist. Die beiden Frauen seien wohl mit dem einen oder anderen Gegenstand eingezogen, aber da sie sich nun nicht mehr im Speicher verkriechen können, würden sie sicher bald von einem hilfreichen Wesen abgeholt. Die Tochter war sichtlich erleichtert. Zwar seien die grauen Leute überall, aber solange sie von ihnen nicht im Speicher beim Spielen gestört werde, sei es ihr gleichgültig.

Im Gespräch stellt sich dann heraus, dass sie gelegentlich Krieger sieht, die unterhalb des Hofs in altmodischen Kleidern und Rüstungen durchziehen. Doch diese scheinen sie im Gegensatz zu den anderen Geistwesen überhaupt nicht zu beachten. ‹Wohl, weil sie schon lange verstorben sind und keinen Bezug mehr zur heutigen Wirklichkeit haben›, denkt Sam, und beschliesst, auch diesem Spuk auf den Grund zu gehen. An einem dafür günstigen Abend streift er durch die Gegend und nimmt im fahlen Licht der jungen Nacht tatsächlich bald einen Haufen Männer wahr, die an ihren Fahnen als eidgenössische Krieger und habsburgische Truppen erkennbar sind. Obwohl die Schlacht im Sommer des Jahres 1386 geschlagen wurde, hauen die bunt gekleideten und teilweise mit Rüstungen geschützten Männer immer noch mit Schwertern, Hellebarden und Morgensternen aufeinander ein. Einige der habsburgischen Söldner versuchen, ihr Leben durch Flucht nach Norden zu retten, während ein Trupp Eidgenossen von Süden kommend sich offenbar verspätet hat und erst jetzt auf den Feind trifft. Als friedliebender Mensch wendet sich Sam ab, hat er doch sogleich erkannt, dass diese Altwesen nicht mehr ansprechbar sind und noch eine Weile weiterkämpfen werden, bevor sie das Schlachtfeld endlich hinter sich lassen können.

Wie einige andere Orte, wo viele Leute auf gewaltsame Weise ihr Leben verloren haben, sind Schlachtfelder oft noch nach Jahrhunderten Schauplätze geisterhafter Ereignisse. Offenbar können die gefallenen Krieger nicht akzeptieren, dass ihre Körper längst tot und verwest sind. Ausserdem existiert für sie die Zeit nicht, weshalb sie keine Empfindung für die Dauer ihres sinnlosen Kampfes haben.

Plagegeister von Kindern

Einmal wandte sich eine junge Frau an Sam, weil sie in ihrem Wohnhaus ständig seltsame Gestalten wahrnahm. Sie hatte anfänglich Hemmungen gehabt, ihn anzurufen, aber als die Geistwesen immer lästiger wurden und auch ihre kleinen Kinder erschreckten, wusste sie, dass es so nicht weitergehen konnte. Seitdem die Familie eingezogen ist, wacht die Frau regelmässig nach Mitternacht auf und sieht sich von stumm und reglos am Bett stehenden Geistwesen umgeben. Auch ihr Mann spürt deutlich, dass jemand im Schlafzimmer ist, kann jedoch niemanden sehen. Am meisten leiden die zwei kleinen Kinder, die nachts aus dem Schlaf gerissen werden und auch tagsüber verstört mit den Fingern auf Stellen zeigen, wo die Eltern die unsichtbaren Wesen vermuten.

Sam beginnt wie üblich, das Haus von unten nach oben zu räuchern. Als er die Tür zum Schlafzimmer öffnet, sieht er tatsächlich drei Geistwesen, die nach ihrer Kleidung zu schliessen seit fast hundert Jahren in ihrer Zwischenwelt leben. Es gelingt ihm trotzdem, Kontakt aufzunehmen, worauf sie zu seiner eigenen Überraschung das Haus innerhalb von Minuten verlassen. Trotzdem rät er den Eltern, in der Wohnung verschiedene Möbelstücke und Gegenstände umzustellen sowie den Spiegel nicht direkt auf das Bett gerichtet aufzuhängen, damit keine weiteren Geistwesen angezogen werden.

Beim anschliessenden Gespräch fragt die Hausherrin, wie und vor allem weshalb die Geistwesen überhaupt ins Haus gekommen seien. Aufgrund seiner Erfahrung vermutet Sam, dass sie einst an diesem Ort gelebt haben und nach dem Neubau in ihre Wohnung eingezogen sind. Um ganz sicher zu sein, will er aber erst mit einigen alteingesessenen Nachbarn sprechen und sich alte Ortspläne anschauen. Wie sich herausstellt, stand lange ein alter Bauernhof an der Stelle des Wohnhauses. Er wurde in den 40er-Jahren des 20. Jahrhunderts abgerissen, worauf das Land lange unbebaut blieb. Es ist nicht das erste Mal, dass Sam erlebt, wie Wesen, in diesem Fall einstige Bewohner des alten Hofes, nach dem Abriss «ihres» Heims einfach an Ort und Stelle blieben und schliesslich in ein neu erstelltes Gebäude in dessen Nähe einzogen. Als er die junge Mutter einige Tage später anruft, um sie darüber in Kenntnis zu setzen, ist sie doppelt erleichtert, denn seit seinem Besuch haben Eltern und Kinder keine Geistwesen mehr wahrgenommen und können endlich ungestört schlafen.

Wie der jungen Mutter fällt es vielen anderen Betroffenen schwer, sich jemandem anzuvertrauen und über die Geistwesen in ihrem Wohnbereich zu sprechen. Vor einigen Jahren nahm ein unbekannter Mann im Auftrag einer Familie Kontakt mit Sam auf, weil in deren Haus seltsame Dinge geschehen sollen. Was genau darunter zu verstehen war, konnte er nicht in Erfahrung bringen. Auch nachdem er, wie von Sam geraten, an Ort und Stelle der Sache auf den Grund zu gehen versuchte und mehrmals mit der Familie gesprochen hatte, wusste er immer noch nicht, wo das Problem liegt. Auf die Frage, weshalb die Leute nicht selber mit ihm sprechen wollen, antwortete der Mann, über solche Sachen spreche man eben nicht gern. Er glaube selber auch nicht wirklich an Geister, obwohl er früher öfter derartige Geschichten gehört habe. Aber ob die Leute solche Dinge tatsächlich erleben würden oder sie sich nur einbilden, wisse er auch nicht.

Als Sam das Haus besucht, unter dessen Dach nach altem Brauch drei Generationen zusammenleben, erfährt er, dass die 13-jährige Tochter seit geraumer Zeit eine durchsichtige Frauengestalt sieht. Wie viele andere Kinder wollte sie nicht als gestört gelten und behielt die Geschichte lange für sich. Doch als eines Nachts erst heftig gegen die Tür geklopft wurde und danach eine alte graue Geisterfrau ins Zimmer kam, fühlte sich die Jugendliche bedroht und vertraute sich ihren Eltern an. Während des Gesprächs gestand der Vater, dass er seinerzeit an einem späten Abend der Alten im Treppenhaus begegnet sei. Weil danach nichts mehr Derartiges geschehen war, dachte er, der Spuk sei vorbei. Aber wie sich herausstellte, hatte sich das Geistwesen ins Kinderzimmer zurückgezogen, was dazu führte, dass das Mädchen nicht mehr dort schlafen wollte.

Im Gespräch mit der Grossmutter erfährt Sam, dass gegen Ende des 18. Jahrhunderts eine Untermieterin im Zimmer gewohnt habe und dort im Bett gestorben sei. Als er beim Reinigen der Wohnung schliesslich das Geistwesen der alten Frau antrifft, lässt sie ihn wissen, wie froh sie darüber sei, endlich jemanden gefunden zu haben, der ihr helfen könne, die Erde zu verlassen. Eigenartigerweise wusste sie auch nicht, weshalb es ihr nicht aus eigener Kraft gelungen war. Allem Anschein nach wollte sie erst den Vater auf sich aufmerksam machen, und als dies nicht gelang, erschien sie der Tochter. Wie Sam selbst erlebte, spüren Geistwesen bei Kindern und Jugendlichen die Offenheit gegenüber der spirituellen Welt und wenden sich auf der Suche nach Hilfe auf dem Weg in die Anderswelt oft an sie.

Ein Spielkamerad aus der Geisterwelt

Sam erfuhr einmal von einer besorgten Mutter von einer erstaunlichen Beziehung zwischen ihrem Kind und einem Geistwesen im Kindesalter. Ihr war seit Jahren aufgefallen, dass der Bub beim Spielen lebhaft und deutlich sprach, als ob er sich mit jemandem unterhalten würde. Dabei erklärte er zum Beispiel, wie seine Spielzeuge funktionieren, ging offensichtlich auf Fragen ein oder zeigte auf Gegenstände.

Anfangs glaubte seine Mutter, er sei einfach ein lebhaftes und fantasievolles Kind. Nachdem die «Selbstgespräche» jedoch mit zunehmendem Alter nicht wie erhofft nachliessen, fragte sie ihren damals siebenjährigen Sohn, mit wem er ständig spreche. Was sie dann zu hören bekam, habe sie fast umgeworfen, wie sie Sam am Telefon gestand. Als wäre es das Selbstverständlichste der Welt, begann er von seinem unsichtbaren Kameraden zu erzählen, der ihn seit Jahren besuche, um mit ihm zu spielen. Er beschrieb ihn ausführlich, nannte Vor- und Nachnamen und erklärte dann, dass er vor einigen Jahren bei einem Autounfall tödlich verletzt worden sei. Als er noch anfügte, sein Vater, der den Unfall überlebt habe, wohne im Nachbardorf, fehlten der Frau erst einmal die Worte.

Als sie sich wieder gefasst hatte, erfuhr sie ausserdem, dass ihr Sohn nachts ab und zu von zwei als «wüste, alte Frauen» beschriebenen Geistwesen in seinem Zimmer besucht werde. Er bezeichnet die beiden als Hexen und fürchtet sich allem Anschein nach vor ihnen. Wenn sie jedoch versuchen, ihn zu schlagen oder in sein Bett zu steigen, rufe er einfach nach seinem «Geistkameraden», der dann sofort komme und die beiden aus dem Zimmer weise.

Die besorgten Eltern kamen nach einem Gespräch zum Schluss, dass die Geschichte nicht wahr sein könne und befürchteten anfänglich, dass ihr Sohn unter einer geistigen Störung leidet. Da er aber weder in der Schule noch im Alltag Probleme hatte und auch sonst nicht auffiel, schrieben sie die Geschichte der offenbar lebhaften Fantasie ihres Sohnes zu.

Die Mutter hatte dennoch ein seltsames Gefühl dabei und beobachtete sein Verhalten sorgfältig. Er war inzwischen acht Jahre alt geworden und sprach nach wie vor mit seinem eingebildeten oder unsichtbaren Kameraden. Obwohl ihr Mann überzeugt war, dass diese Kinderei bald vorbei sein werde, konnte sie sich nicht wirklich beruhigen.

Als sie auf Umwegen die Adresse von Sam Hess erhalten hatte, musste sich die Frau erst einmal überwinden, ihn anzurufen. Anfänglich etwas stockend und hörbar verlegen schilderte sie das seltsame Verhalten ihres Sohnes und fragte dann geradeheraus, ob es möglich sei, dass er die Wahrheit sagt. Nachdem Sam sie überzeugt hatte, dass Beziehungen zwischen lebenden und verstorbenen Kindern zwar aussergewöhnlich sind, aber immer wieder vorkommen, war sie sichtlich erleichtert, dass ihr Junge nicht geistig gestört ist. Erst fiel es ihr schwer, seine Erlebnisse mit ihrem Weltbild zu verbinden. Doch dann beschloss sie, ihrem Sohn von nun an offen zu begegnen und ihm endlich auch zu glauben.

Am meisten Sorgen bereiteten ihr die beiden «Hexen» in seinem Zimmer, weshalb sie von Sam wissen wollte, wie die ungebetenen Besucherinnen vertrieben werden könnten. Er kam nach reiflicher Überlegung zu dem Schluss, dass es das Beste wäre, wenn ihr Junge seinen unsichtbaren Spielkameraden bitte, die beiden aufzufordern, das Haus endgültig zu verlassen. Allerdings, gab er ihr zu bedenken, werde danach möglicherweise auch der «Geistkamerad» nicht mehr erscheinen, da die «wüsten Frauen» mit ihm auf eine gewisse Weise verbunden seien und nicht unabhängig von ihm gehen würden.

Einige Wochen später rief die Frau nochmals bei Sam an und bestätigte seine Vorhersage. Ihr Sohn und sein Geistkamerad hatten die beiden «Hexen» gemeinsam aus dem Zimmer verbannt. Sie waren daraufhin tatsächlich weg und seither ist auch der Geisterknabe nicht mehr erschienen; doch ihr Sohn habe dies erstaunlich leicht aufgenommen, als wäre er darüber sogar froh gewesen.

Schlusswort
Im Kreislauf des Ewigen

Durch seine zahlreichen Kontakte und Erfahrungen mit Verstorbenen hat Sam Hess über Jahrzehnte hinweg viel gelernt und ist zu folgenden Erkenntnissen gelangt:

Der Tod ist nicht das Ende des Lebens, sondern vielmehr ein Tor in eine andere, uns trotz der vielen Überlieferungen und Berichte nach wie vor weitgehend unbekannte Welt. Unbekannt, weil wir in unserem physischen Körper an diese materielle Welt gebunden sind und deshalb all das, was sich dahinter verbirgt, nicht erkennen können. Heute glauben denn auch die meisten Leute, dass nur diese materielle Welt existiere, und haben keine Ahnung von der Wirklichkeit aller anderen Dimensionen des Lebens. Nach alldem, was er erlebt hat, fragt sich Sam oft, ob wir, die an die Materie gebundenen Menschen, die Toten sind, während die frei im Geist lebenden Wesen der Anderswelt am wirklichen Leben teilhaben.

Die tief im Inneren der modernen Menschen sitzende panische Todesangst gründet sich auf das über Jahrhunderte gewachsene Missverständnis, dass der Tod eine schreckliche und unausweichliche Plage sei, der wir uns mit allen Mitteln widersetzen müssen. Sterben heisst, von dieser Welt Abschied zu nehmen und alles Liebgewordene endgültig zurückzulassen. Kein Wunder, dass fast alle diese Trennung so lange wie möglich aufschieben wollen, was zu der heute riesig gewordenen Industrie der «Lebenserhaltung» geführt hat, die Unsummen Geld verschlingt, ohne das eigentliche Problem lösen zu können.

Wohin gehen wir nach dem Tod? Sicher ist, dass sich der Mensch seinen Himmel oder sein Fegefeuer selbst gestaltet. Beides sind allerdings nicht dreidimensionale Orte in unserem Sinne, sondern unterschiedliche Bewusstseinszustände. Die Hölle jedoch gibt es nicht. Sie ist, wie Sam schon von seinem priesterlichen Lehrer erklärt bekam, ein theologisches Fantasieprodukt. Und auch Fegefeuer oder Himmel können nicht ewig sein, denn eine endliche Ursache kann keine unendliche Folge nach sich ziehen.

Erstaunlicherweise stellen sich manche das Leben nach dem Tod als langweilige und interessenlose Existenz vor. Dies aber ist die natürliche Folge eines Lebens, das, selbstgestaltet und wohlgemeint, hier auf der Erde mit Selbstgefälligkeit, Geschwätz und Banalitäten vergeudet wird.

Wohin respektive in welche Welt unser Weg einst führen wird, weiss Sam auch nicht. Jeder müsse nach seinem Tod alle niedrigeren Ebenen der geistigen Welt durchleben, bevor er in die himmlischen Sphären gelangt. Wie bewusst er dabei vorgeht und wie lange er auf den jeweiligen Ebenen bleibt, hänge davon ab, wie er sein weltliches Leben gestaltet hat. Zweifellos führe unser Weg nach dem Verlassen des Körpers weiter. Wie und wohin werde von jedem Einzelnen individuell vorbestimmt. Wie in der Schule komme niemand darum herum, zu lernen und Prüfungen zu bestehen, um aufsteigen zu können.

Die Begegnung mit Geistwesen während Sams Kindheit liessen ihn den Tod als etwas Natürliches erscheinen. Und in seiner geliebten Natur konnte er immer wieder erleben, wie Vergehen und Entstehen zwei Seiten des Einen sind. Im Beruf als Förster konnte er sich tiefer in diesen Kreislauf des Lebens einfühlen und ständig neue Erkenntnisse gewinnen. Wir sind Teil des sich ständig drehenden Rades der Natur!

Alle Völker dieser Erde kennen Überlieferungen, wonach der körperliche Tod die Geburt in ein neues Leben ist. Von den Einschränkungen des Körpers befreit, gibt es andere Möglichkeiten und mehr Freiheiten. Allerdings ertragen nicht alle diese neue Freiheit des Geistes. Jene, die sich nicht vom Anhaften an ihr vergangenes Leben lösen können, versuchen immer wieder, einen eigenen stofflichen Körper zu erlangen oder sich an einen fremden anzuhängen. Ohne fleischliche Hülle fühlen sie sich von der Welt ausgeschlossen. Eigentlich brauchen sie diese Welt längst nicht mehr, können jedoch diese Tatsache mit ihrem in dieser Welt übernommenen Denkmuster nicht erfassen.

«Wir sterben nicht, sondern wechseln bloss in eine andere Welt über», versichert Sam Hess immer wieder. Trotz dieser seit

Menschengedenken bekannten Erkenntnis sei der Tod im Laufe der Zeit zum schrecklichsten Feind der Menschheit geworden. Nichts werde unversucht gelassen, um ihn zu überlisten oder doch wenigstens so weit wie nur möglich hinauszuzögern. Wenn Sam an die vielfältigen medizinischen «Errungenschaften» denkt, fürchtet er sich vor den Folgen. Leben ist Natur, und Natur bedeutet, in ihrem Kreislauf aufgehoben zu sein. Wer im Tod nicht den finsteren «König des Schreckens» sieht, sondern eine engelsgleiche Kraft, lebt in der Gewissheit, dass er das Tor in eine höhere und reichere Welt öffnet. Jeder, der sich die Mühe machen will, kann in den vielen ernsthaften Schriften zu diesem Thema genügend überzeugende Einsichten finden. Es gab unzählige Menschen, die dies erfahren und durch ihre Ausstrahlung und Lehre bezeugt haben.

Sam durfte bis heute manchen kurzen Blick hinter den gewaltigen Vorhang in diese scheinbar unbekannte Welt um uns herum werfen. Was er dabei sah, bezeichnet er als einen winzigen Ausschnitt eines riesengrossen Bildes. All jenen, die glauben, dies sei Einbildung oder Schwindel, entgegnet er, dass seine diesbezüglichen Erfahrungen genauso wirklich waren, wie jene, die wir im Diesseits als alltäglich erleben. Er hat trotz der vielen persönlichen Begegnungen mit Geistwesen mit viel Geduld und Willen geforscht und gelernt, dass zu jeder Zeit und überall Menschen dasselbe erleben. Wer die Mühe scheut, sich in die Überlieferungen zu vertiefen, sollte seiner Meinung nach Hellsichtige, welche wie er Geistwesen und andere Dimensionen des Lebens gesehen haben, nicht verhöhnen. «Selbst ein von Geburt an Blinder wird niemals bestreiten, dass die Welt farbig ist, nur weil er sie noch nie gesehen hat», lautet einer seiner oft wiederholten Sätze.

In jedem Menschen schlummern unentwickelte Fähigkeiten, davon ist Sam Hess überzeugt. Wer sich bemühe, sie zu entdecken und sie sich entfalten zu lassen, könne wie er und viele andere Unsichtbares wahrnehmen und dabei die Welt auf eine neue, offenere Weise erfahren. Was ihn noch heute fasziniert und berührt, ist die Erfahrung, dass unsere diesseitigen Denk- und Verhaltensmuster unser Leben nach dem Tod weiterhin bestimmen. Aufgrund seiner Erfahrungen ist er überzeugt, dass die Menschen zu bestimmten, von ihnen selbst ausgewählten Aufgaben hier auf der Erde sind. Diese anzunehmen und daran zu arbeiten, ist das Ziel, nach dem sich das menschliche Bewusstsein richtet. Dabei muss die verkörperte Seele viele Einschränkungen, Widerstände und leidvolle Erfahrungen auf sich nehmen, um Dinge zu lernen, die nur auf dieser Ebene möglich sind. Je früher sie dies tut, desto eher wird sie davon befreit werden, in eine niedrige und eng begrenzte materielle Existenz zurückzukehren. Tut sie es aber nicht, lässt sie die begangenen Fehler oder die zu starke Bindung an materielle Güter auch nach dem Tod nicht los. Wir Menschen legen unsere Bürden und Laster nicht einfach mit dem Körper ab und können immer noch denken und fühlen wie zu Lebzeiten.

Sam ist sich bewusst, wie schwer es seinen Mitmenschen fällt, eine Wirklichkeit anzuerkennen, die sie mit ihren physischen Augen nicht erkennen können. Es scheint ihm geradezu bitter, in einer unfassbar grossen Welt zu leben, von der wir in Wirklichkeit nur einen winzigen Bruchteil sehen und erfassen können. Deshalb hat er seit jeher daran gearbeitet, seine Sicht der Dinge zu erweitern, und dabei unter anderem gelernt, die energetische Ausstrahlung von Menschen zu erkennen. Die Farben dieser sogenannten Aura sind bei spirituell wenig entwickelten Menschen grob und unrein, werden aber im Laufe der Entwicklung zunehmend heller. Hellsichtige wie er erkennen ausserdem, dass dieser sogenannte Astralkörper den physischen Körper nicht nur durchdringt, sondern ihn wie eine farbige Wolke von allen Seiten umgibt (astral = griech. »die Gestirne betreffend«. In der Alchemie bedeutet der Begriff »strahlend«, was auf die leuchtende Erscheinung der Aura hinweist). Aufgrund von Emotionen und Gefühlen weitet sich die persönliche Aura aus oder zieht sich zusammen. Grundsätzlich entspricht die Form der Aura jener des physischen Körpers und hebt sich deutlich vom umgebenden Energiefeld des Raumes ab. Zwischen den Körpern der stofflichen und astralen Dimension findet ein stetiger Austausch statt, der erst mit dem körperlichen

Tod endet. Danach bleibt der Astralkörper noch für eine gewisse Zeit sichtbar.

Sam sieht die Zeit gekommen, sich dem unsterblichen Teil des Lebens zu öffnen. Deshalb möchte er mit seinen Erlebnissen und Einsichten dazu beitragen, dass der Tod seine angebliche Endgültigkeit verliert. Seit Menschen zur Welt kommen, feiern wir die Geburt mit religiösen Riten und fröhlichen Festen, doch worüber freuen wir uns eigentlich? Sicher nicht darüber, dass ein weiterer Erdenbürger in dieser oft rauhen und gefährlichen Welt ein hartes und leidvolles Leben beginnen muss. Stirbt aber jemand, trauern wir um ihn, obwohl bisher alle Kulturen davon ausgehen, dass niemand endgültig aus dem Leben scheidet, sondern vielmehr in eine andere, möglicherweise bessere Welt übersiedelt. Pflegen wir mit unserer Trauer nicht zu einem guten Teil unser Selbstmitleid? Verständlich, denn man verliert jemanden, der einem wertvoll und lieb war; der Verstorbene aber durfte sich von seinen Fesseln befreien und erhielt die Möglichkeit, ein neues, selbst gewähltes und selbst gestaltetes Leben zu beginnen. Sollten wir uns nicht auch mit ihm freuen und ihm auf seiner Reise Glück wünschen?

Die «Toten» sind weder weit weg noch ganz anders und auch nicht Engel oder Ungeheuer geworden. Obwohl sie ihre sterbliche Hülle abgelegt haben und in einer anderen, weitgehend unsichtbaren Dimension leben, sind sie immer noch menschliche Wesen. Weder besser noch schlechter als früher sind sie auf der geistigen Ebene mit ihren Hinterbliebenen verbunden. Ausserdem sind sie für unsere Gedanken und Gefühle weit empfänglicher als vor dem Tod, weshalb hemmungslose Trauer und Trübsal sowie die mangelnde Bereitschaft loszulassen für sie nicht eben hilfreich sind. Im Gegenteil, eine solche Haltung hülle die Verstorbenen in einen Nebel von Schwermut und mache ihnen ihren Weg noch schwerer, als er möglicherweise während der ersten Tage nach dem Tod sei, ist Sam Hess überzeugt. Unsere Aufgabe sieht er darin, die Verblichenen ihren Weg gehen zu lassen, ihnen Liebe zu senden anstatt sie noch mehr an ihr vergangenes Leben in der materiellen Welt zu binden.

Selten findet eine Seele sogleich nach dem Tod den Weg in die Anderswelt. Die meisten von ihnen sind auf Aufklärung angewiesen, um aus dem Schock oder Schrecken über den Verlust ihres Körpers und all dessen, was mit ihm verbunden ist, herauszufinden. Wenn schon, dann sind sie es, die Trost und Beruhigung brauchen – von uns wie von den helfenden Geistern von der anderen Seite des Vorhangs. Nach Sams Erfahrung sollten sie dieselbe Liebe und Nähe erfahren dürfen wie ein neugeborenes Kind, das auch unvermittelt mit einer anderen Dimension konfrontiert ist. Nach dem Tod finden sich leider viele Geistwesen erst einmal in den grauenhaften Gedankenwelten, die sie und ihre Vorfahren über Jahrhunderte hinweg kreiert haben. Welten mit einem persönlichen Teufel, einem Gericht, das streng über sie entscheidet und einer zornigen Gottheit ohne Nachsicht. Weil Schock und Furcht nicht nur unangenehm für sie sind, sondern auch ihre weitere Entwicklung behindern, verbringen ihre helfenden Geister viel Zeit damit, sie erst einmal in einen ausgeglichenen Geisteszustand zu bringen.

Als Sam dies erkannte, wurde ihm erst richtig bewusst, wie dringend wir unser Denken bezüglich des Nachlebens grundsätzlich ändern müssen. Wir brauchen ein neues Bild, eine neue Vorstellung darüber, was der Tod ist und was nach ihm geschieht – davon ist er überzeugt. Ein Bild, das Angst und Schrecken unnötig macht. Ausserdem sollten Sterbende auch wieder die letzten Tage und Stunden mit ihren Verwandten und Freunden zusammen sein und nicht unter starke Drogen gesetzt in «Abstellkammern» verschoben werden. Wir Lebende sind aufgefordert zu erkennen, dass wir, wie dies die Natur uns lehrt, in einem stetigen und nie endenden Wandel aufgehoben sind; alles, was vergeht, erwacht in einer anderen Form zu neuem Leben. Nehmen wir also unsere Aufgabe an, nach dem zu streben, was man in sich als Höchstes erkennt. Dieser Weg ist nicht immer leicht und länger, als wir uns vorstellen können. Wie lange diese Reise auch dauern mag, jeder Mensch erhält genügend Zeit, um sie auf seine Weise zu nutzen. Während wir nach Vollkommenheit streben, haben wir genügend Zeit, die damit verbundenen Arbeiten zu verrichten und unsere täglichen Gedanken und Tätigkeiten zu betrachten. Leben wir bewusst in der Gegenwart? Gönnen wir unserem Geist die gleiche Erholung und Ruhe wie unserem Körper? In der Stille erkennt der Mensch sein wahres Wesen, seine wahren Bedürfnisse und damit seinen Weg.

Erklettern wir Stufe um Stufe die Leiter, die hoch über die Nebel einer illusionären materiellen Welt hinausreicht, bis dorthin, wo das ewig strahlende Licht leuchtet. Es gibt wirklich nichts zu fürchten. Folgen wir also unserem inneren Weg und freuen wir uns über alles, was der neue Tag bringt: eingeschlossen den Tod, das Ende eines Lebensabschnitts für einen wunderbaren, angstfreien, wenn auch unbekannten, aber dennoch freudvollen Neubeginn.

Pier Hänni
Freischaffender Autor, Übersetzer, Leiter von Erfahrungs- und Wandergruppen. Seit über dreissig Jahren beschäftigt er sich mit Naturmystik, Mythologie und Volksphilosophie und erforscht die mystische Dimension verschiedenster Landschaften der Schweiz. Gefragter Referent, Kraftortspezialist und Autor mehrer Bücher zum Thema Kraftorte.

www.alpenmagie.ch

Sam Hess
Geboren 1951, war 39 Jahre als Förster tätig. Seit Kindheit hellsichtig, arbeitet er heute im geistig-medialen Bereich und setzt seine Hellsichtigkeit vorwiegend für die Heilung von Menschen sowie zur Reinigung von Häusern und Wohnungen von unerwünschten Geistwesen ein. Er ist mehrfacher Buchautor, gibt Kurse und Seminare zur Numerologie, zur Mystik des Waldes, zur Heilkraft der Bäume und über Naturgeister.

www.waldmystik.ch

Bildnachweis
Seite 9: Derek Stafford, Fortean Picture Library
Seite 11: Jude Huff-Felz, Ghost Research Society
Seite 45: The Society for Psychical Research
Seite 183: Fortean Picture Library

Bücher aus dem AT Verlag

Erich Renner
Heilen und Helfen mit der Kraft der Magie

Erich Renner
Theo Bullinger – Wunderheiler
Seine Wege geistigen Heilens
Biografie, Heilbehandlungen, Patientenberichte

Wolf-Dieter Storl
Einsichten und Weitblicke
Das Wolf-Dieter Storl Lesebuch

Wolf-Dieter Storl
Naturrituale
Mit schamanischen Ritualen
zu den eigenen Wurzeln finden

Wolf-Dieter Storl
Wolfsmedizin
Eine Reise zu den Pflanzenheilkundigen
in der Mongolei und Sibirien

Wolf-Dieter Storl/Claudia Müller-Ebeling/Christian Rätsch
Hexenmedizin
Die Wiederentdeckung einer verbotenen Heilkunst
Schamanische Traditionen in Europa

Blanche Merz/Jean-Pierre Brunschwiler
Orte der Kraft in der Schweiz
Der grosse Bildband

Nana Nauwald/Felicitas Goodman
Ekstatische Trance
Rituelle Körperhaltungen
Das Praxisbuch

Nana Nauwald
Feuerfrau und Windgesang
Schamanische Rituale für Schutz und Stärkung

Christian Rätsch
Der heilige Hain
Germanische Zauberpflanzen, heilige Bäume
und schamanische Rituale